AF453551

TERNOVE.

—

TOME TROISIÈME.

TERNOVE

PAR

ARTHUR DE GOBINEAU.

TOME TROISIÈME.

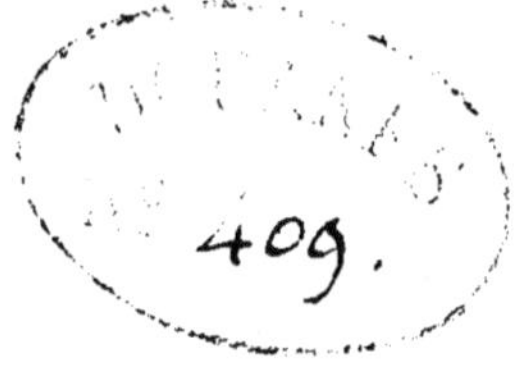

BRUXELLES.

LIBRAIRIE DE TARRIDE, RUE DE L'ÉCUYER, 8,

VIS-A-VIS LA RUE DE LA FOURCHE.

—

1848

CHAPITRE XVII.

Le baron, en voyant entrer Bartannier, l'avait saisi par le bras et le tenait encore même après que le marquis se fut assis.

— Mon ami, mon ami, lui dit-il en riant de son petit rire vieux et saccadé, vous ne savez pas? vous ne savez pas? Octave devient mauvais sujet!

— Peste! dit Bartannier, raconte-moi cela. Des fredaines narrées par vous, baron, c'est un double plaisir.

— Allons, libertin, reprit M. de Marvejols, il ne s'agit pas de fredaines, il s'agit de dettes.

— Ah! dit le marquis, c'est un peu plus grave. Le chiffre est de...?

— Cinquante mille francs.

— Diable ! vous les paierez avec...?

— Voilà la question.

— Comment ! mon gaillard, vous faites des cinquante mille francs de dettes? Je ne vous savais pas ce talent.

— Je suis au désespoir, M. le marquis, si, malgré ma prière, M. de Marvejols est venu vous entretenir d'un pareil sujet ; je l'avais supplié de garder le silence, et rien ne m'est plus désagréable.

— Bon ! se dit Bartannier, notre jeune homme croit que je vais me poser déjà en beau-père irrité.

— Il est certain, reprit-il tout haut, que vous n'avez pas fait là, mon garçon, un trait dont vous deviez tirer vanité, et pour ma part, avec cette franchise que vous me connaissez, avec ma rondeur de campagnard, je vous donne tort.

— Allons ! dit la baronne ; le pauvre enfant, on l'a déjà bien assez tarabusté ! Voilà deux heures que M. de Marvejols n'est occupé qu'à lui dire des choses désagréables ! Songez plutôt à le tirer de peine !

— Et moi, nettement, je vous déclare encore, interrompit Octave d'un ton fort sec, que je suis très-résolu à ne pas accepter l'aide du marquis. Il est inutile d'argumenter contre moi : je suis décidé et je ne lui demande même pas conseil.

— Devinez-vous pourquoi? dit Marvejols d'un air fin.

— Ma foi, non ! répondit Bartannier en levant les épaules.

Il prit l'air de ne pas se soucier d'en savoir davantage, mais il en grillait d'envie ; la conduite de son futur gendre ne pouvait rentrer pour lui dans la catégorie des choses indifférentes, et quoiqu'il ne fût pas un père bien tendre il n'aurait pourtant pas voulu donner sa fille à un écervelé notoire. Aussi, après avoir ébauché avec distraction deux ou trois observations critiques sur la danse de la Bigottini, il se leva brusquement, et, entraînant le baron dans l'embrasure d'une fenêtre, il lui demanda très-sérieusement compte des folies du commandant.

M. de Marvejols raconta ce qu'il savait ; ce n'était pas beaucoup ; à toutes les interrogations de Bartannier, il opposa le silence dont Octave s'était couvert, et chercha à expliquer cette réserve par des scrupules de délicatesse qui ne pouvaient être, suivant lui, que fort honorables.

Le marquis haussa les épaules :

— Voyez-vous, mon bon ami, votre cher Octave se moque de nous ; je dis nous, parce qu'à cause de Claire, je suis, je pense, un peu intéressé dans tout ceci.

— Vous ne connaissez pas la pureté de son cœur, marquis.

— Vous êtes étonnant, ma parole d'honneur ! s'écria Bartannier en éclatant de rire. La pureté de son cœur ! Je crois, moi, qu'il y a là-dessous quelque sottise. Il faut que j'en aie le cœur net. Et puisque vous ne voulez pas prier le bon jeune homme d'être franc, je m'en charge. Holà, Octave, venez ici, je vous en prie.

— Marquis, dit M. de Marvejols, c'est une véritable indélicatesse.

— Soit ; je m'en moque. Venez, Octave, mon ami, et racontez-nous votre affaire d'un bout à l'autre. Vous comprenez que le baron ne vous laissera pas dans l'embarras. Je crois aussi, morbleu ! avoir quelques droits à jouer ici mon rôle, et je suis disposé peut-être assez bien. Du courage, et avouez vos fautes : c'est d'un bon esprit. Allons, une fois ! deux fois ! trois fois !

Octave fit mentalement son sacrifice ; mais il voulut pourtant défendre son terrain pied à pied. Il était pâle, et une sueur froide l'inondait.

— Marquis, dit-il, je suis vraiment désespéré de répondre à vos bontés par une espèce d'ingratitude ; mais, je vous le répète, il m'est impossible de pousser les confidences plus avant, et j'ose ajouter que la tendresse de M. de Marvejols aurait été déjà une cause suffisante pour me faire rompre le silence, si les motifs les plus sérieux...

— J'en suis bien sûr ! interrompit le baron en serrant la main d'Octave.

— M. Octave de Ternove, dit le marquis d'un ton moitié railleur, moitié roide, quand on fait des balivernes d'une aussi grosse espèce que les vôtres, on a mauvaise grâce à venir ensuite refuser des explications. M. de Marvejols ne vous a pas laissé ignorer les démarches qu'il a faites auprès de moi pour un certain sujet, et la manière dont j'ai accueilli ses ouvertures ?

Octave baissa la tête et garda le silence.

— Soyons plus net encore, si cela vous convient, poursuivit l'impitoyable marquis. Vous n'ignorez pas qu'il existe de par le monde une demoiselle de Bartannier ?

Octave s'inclina.

— Dont on vous a parlé de devenir l'époux ? Pour ma part, j'y ai consenti, vous savez cela. Maintenant je dois vous confesser que, ne voulant pas d'un gendre dépensier et surtout d'un gendre mystérieux, si vous ne vous expliquez comme il faut et à ma parfaite satisfaction, songez-y, il n'y a rien de fait et je me dédis.

— Oh ! marquis, dit le vieux Marvejols d'un ton suppliant, vous allez trop loin !

— Non pas ; j'ai parlé comme un ange, et je m'en tiens là. Eh bien ! monsieur, quel parti prenez-vous ?

—Celui de me taire, monsieur, répondit Octave avec fierté.

—De tout mon cœur, répliqua Bartannier rouge de colère. Vous me direz dans quelque temps si les filles de cent mille livres de rente sont communes aujourd'hui. Baron, madame, tous mes respects !

Le marquis s'élança hors de l'appartement, malgré les cris du vieillard qui le rappelait. Octave, sous couleur de l'accompagner jusqu'à l'escalier, sortit sur ses pas, et, accablé de fatigue, d'émotion, monta dans sa chambre ; il se laissa tomber dans les bras de Marcel, et lui dit d'une voix étouffée :

— Mon mariage avec mademoiselle de Bartannier est rompu !

— C'est quelque chose. Et les cinquante mille francs ? dit l'officier.

— Je n'en aperçois pas même l'ombre, répondit Octave. Les ruines s'entassent autour de moi.

Tout est perdu , je me noie. Demain, à l'heure où nous sommes, je serai brouillé avec mes meilleurs amis ! Je passerai auprès d'eux pour un intrigant, pour un homme sans honneur et sans foi ! Eux ! des gens si honorables! si dignes de respect ! Etre méprisé par eux ! Ah ! Marcel !

— Tu portes la peine de ta conduite et de tes sentiments ambigus. Désormais ne songe plus qu'à Marguerite.

— Oh ! Marguerite ! je ferais mille fois plus pour elle !

— Sais-tu à quoi j'ai pensé ? dit Marcel.

— A quoi ?

— Le baron recevra demain matin une lettre de de Soilles.

— J'en suis sûr. Je tombe de fatigue et d'inquiétude. Il faudra pourtant que je paie Julien , et avec quoi ?

Le lendemain matin, Octave et Marcel s'épuisaient en conjectures sur la destinée, et cherchaient des expédients qu'ils ne trouvaient pas. On vint leur apporter une lettre. Dans la situation d'Octave, toute nouveauté ne pouvait être qu'intéressante ; il saisit la missive avec empressement, et au premier coup d'œil il reconnut l'écriture.

— C'est de Gérard! s'écria-t-il.

— De l'important, à coup sûr! dit Marcel. Il ne faut pas de médiocres circonstances pour décider l'oncle Gérard à prendre la plume. Certainement l'hôte que nous avons laissé derrière nous a dû faire des siennes ; je m'y attendais. Que dit la lettre ?

— Je vais te la lire tout haut ; elle n'est pas longue :

« Mon cher neveu,

» M. de Soilles, qui m'a toute l'encolure d'un mauvais drôle, m'a expliqué ta position. Ma fille pense que tu ne dois plus songer à l'épouser ; quant à elle, elle y renonce, et me charge de te le dire. Pour ce qui est des cinquante mille francs, nous sommes en train de chercher un prêteur qui veuille bien prendre hypothèque sur notre pauvre petite Ternove ; ainsi ne t'inquiète plus de cette affaire. Je suis fâché de cette conclusion ; j'avais toujours pensé que tu aurais épousé Marguerite. Enfin, pour l'honneur de la famille, il vaut mieux que tu sois pair de France. Souviens-toi quelquefois de ton vieux oncle qui t'aime, mais ne reviens plus de longtemps chez nous.

» Je t'embrasse, mon cher enfant, avec ma tendresse accoutumée.

» Ton oncle,

» GÉRARD DE TERNOVE. »

— Voilà une nouvelle tuile ! s'écria Octave en jetant la lettre sur un meuble. Marguerite ne veut plus m'épouser ! elle m'exile de Ternove ! C'est ainsi qu'elle me donne du courage ! Mort de ma vie ! je vais prendre la poste à l'instant et retourner près d'elle ; j'en chasserai Julien à coups d'étrivières !

— Il est évident, dit Marcel en prenant la lettre à son tour, qu'en dictant de pareilles résolutions à son père, la pauvre enfant croit accomplir l'acte le plus généreux de sa vie. Elle veut te dégager. Le vieux Gérard , j'en suis convaincu , a pleuré en écrivant.

— Marguerite est un ange, reprit Octave ; elle se sacrifie pour moi et me donne une partie de sa fortune. Je serais un misérable de ne pas faire mon devoir. Quand même je n'aurais pas pour elle cette passion profonde qui m'anime et qui abaisse à mes yeux toutes les grandeurs que je rêvais autrefois, je ne renoncerais pas à elle ! Il est des dévouements trop beaux pour qu'on ne les accepte pas ! Ainsi tu conçois aisément que cette lettre reste non avenue ?

— En tout ce qu'elle dit ? fit observer Marcel avec un sourire.

— Non pas ! répliqua Octave. J'accepte les cinquante mille francs ; c'est la seule manière de me tirer honorablement de cette maison-ci. Maintenant je n'ai plus rien à demander à personne et je suis maître de mes actions. Je ne crois pas tarder beaucoup à faire acte complet d'indépendance.

— Tiens, lui dit Marcel avec abandon, ton bon cœur et ton désintéressement me ravissent! Tu vas te casser le cou, tu te jettes dans un trou dont tu ne sortiras pas , tu vas finir par être malheureux comme les pierres ; mais tu le fais gentiment, et cette verte allure me plaît !

Marcel embrassa Octave.

— Monsieur, vint dire un domestique, madame la baronne voudrait vous parler.

— Je descends , répondit le commandant. La bataille va recommencer, Marcel !

— A coup sûr, dit l'officier, la poste n'a pas été moins généreuse pour M. de Marvejols que pour toi ; il y a en jeu quelque épître du de Soilles. Nous marchons à grands pas vers la catastrophe. Certainement. Souviens-toi, Octave, que, bien décidé de ne pas rompre avec Marguerite, tu dois à ta future femme , autant qu'à toi-même de ne pas te ruiner plus que de raison. Après tout, tu resteras officier supérieur ! A ton âge , c'est être heureux ! Et si tu parvenais à conserver qnelque autre bribe de ta splendeur...

— Je serai aussi patient, aussi adroit que je pourrai. L'entretien sera long sans doute ; reste ici, attends-moi. Quand je sortirai de la lutte, mon cœur aura besoin d'être pansé. Pauvre baron ! Pauvres gens ! si bons ! si dévoués ! Je n'oublierai jamais leur affection pour moi.

— Bah ! jolie affection ! sacrifiée au plus sot des préjugés !

— Adieu, attends-moi, aie patience, et surtout ne t'éloigne pas.

— Sois tranquille , je remplirai consciencieusement mes quatre heures de faction, s'il le faut.

Octave descendit. En entrant dans la chambre de la baronne, il la trouva debout devant la cheminée et là figure armée d'une expression de gravité sévère qu'il ne lui avait jamais vue. Toute la morgue teutonique des aïeux de madame éclatait sur son front et faisait dédaigneusement grimacer sa bouche que l'âge ne grimait déjà que trop. Madame de Marvejols, nous l'avons dit trop souvent pour qu'il soit nécessaire d'y revenir , était loin d'être jeune ou jolie ; mais dans la vie ordinaire elle avait une expression de bonté et de bienveillance propre à lui pardonner sa laideur. En ce moment, Octave crut avoir sous les yeux tout un chapitre de chanoinesses jugeant quelque irrémissible délit contre le blason.

Sur une petite table en bois de rose, deux lettres étaient ouvertes, et le commandant les aperçut du coin de l'œil.

— Il y en a une de de Soilles, se dit-il, c'est la plus grande ; mais l'autre, de qui diable peut-elle être ? Eh ! parbleu, de Gérard ! mon pauvre oncle se sera mis en grands frais d'écriture.

— Asseyez-vous, Octave, dit la baronne avec son accent germanique. Je viens de recevoir des nouvelles que je vous prie de parcourir. Etendez le bras, s'il vous plaît, et prenez les papiers placés sur ce guéridon. Lisez-les avec soin ; nous en parlerons après.

Octave commença par la lettre de de Soilles ; c'était celle qu'il jugeait la plus importante, et qui l'était en effet. Après de vives et chaleureuses protestations de dévouement pour monsieur et pour madame de Marvejols, Julien exprimait en termes moins vifs l'affection vouée par lui à Ternove. Il déclarait que depuis longtemps il avait conçu des craintes sur la conduite de son ami, et que, fort de l'assentiment du baron et de la baronne, il n'avait pas cru mal agir en surveillant Octave, ne pouvant s'imaginer que le commandant abandonnât ses affaires simplement pour aller saluer un vieil oncle dont il lui avait toujours parlé à lui-même avec une légèreté assez grande ; qu'il était donc parti et arrivé à temps ; qu'il avait vu... (grand Dieu ! que n'avait-il pas vu et découvert !) la désolation des abominations ! des meuniers, des meunières, etc., etc. Julien s'en donnait à cœur joie, et roulait avec fureur ses descriptions dans la farine.

Effrayé de la faute immense méditée par son ami, lui, Julien, avait cru devoir employer les moyens les plus héroïques ; il avait réclamé cinquante mille francs d'ailleurs régulièrement dus ; il les avait réclamés avec hauteur, avec insistance; mais monsieur le baron et madame la baronne devaient être bien persuadés des sentiments tout à fait purs de son cœur. Il mourrait de honte et de douleur si l'on pouvait le soupçonner d'une bassesse si grande que de vouloir nuire à un ami tendrement aimé. Non ! tout n'avait d'autre but que d'élever des obstacles insurmontables entre Octave et Marguerite de Ternove. Il croyait désormais y avoir réussi (cette phrase fit sourire le commandant). L'oncle avait entendu raison; la jeune fille, bien qu'assez sotte, avait fini par comprendre à son tour l'inconvenance d'abuser de la folle exaltation d'un jeune homme pour ruiner l'avenir d'un talent de premier ordre et d'un militaire si bien en cour. Enfin, il recommandait Octave à l'indulgence de monsieur le baron et de madame la baronne ; et dans la prévision que sans doute le commandant les aurait instruits de sa réclamation quant à la dette, il les suppliait de ne pas s'en occuper, de n'y pas songer le moins du monde, et de continuer à lui accorder une part dans leur intérêt, que de constants et profonds respects lui semblaient devoir assurer à leur très-humble serviteur,

JULIEN DE SOILLES.

Cette lettre était un petit chef-d'œuvre. La couleur générale en était une hypocrisie enjouée, faite pour attendrir et séduire les âmes sans soupçons. La vérité s'y mêlait à l'exagération, et partant au mensonge, partant à la calomnie, avec un art merveilleux. Après avoir tout lu, madame de Marvejols avait dû être convaincue, comme son mari, que Gérard et Marguerite étaient des espèces de paysans madrés, acharnés à circonvenir le pauvre Octave; et cependant aucune phrase, aucun mot ne les accusait positivement. Pour le lecteur ignorant, cette réserve indiquait du bon goût et de la charité; pour Octave elle trahissait le comble de la perfidie, car c'était empêcher toute réfutation : là où l'on n'accusait pas, il était impossible de défendre, et surtout il était impossible de détruire les impressions funestes sortant néanmoins comme des exhalaisons invisibles de ce papier empoisonné.

Quand Octave eut terminé la lecture de la lettre de Julien, la baronne lui fit signe en silence de passer à celle de Gérard.

Cette nouvelle épître n'était que la reproduction de la missive reçue par le commandant. Avec toutes sortes de formules de reconnaissance pour les bontés prodiguées à son neveu, le vieux gentilhomme déclarait qu'aussitôt les hautes destinées de ce cher neveu connues de lui, il n'avait pas hésité, bien que ce sacrifice fût douloureux, à rompre le projet d'une alliance, rêve de toute sa vie. Il suppliait donc madame de Marvejols de ne pas retirer à Octave ses bonnes grâces.

Octave remarqua que cette lettre, à ses yeux

fort touchante, devait, à la suite des impressions données par Julien, passer pour la production cauteleuse d'un paysan pris en faute et cherchant à s'excuser. Par un calcul de délicatesse, Gérard ne disait pas qu'il payait la dette de son neveu.

Quand il eut terminé cette double lecture, la baronne prit la parole. Elle avait préparé son discours, et la puissance de son indignation lui avait donné jusque-là la force de se contenir et de paraître froide. Nous ne répéterons pas ce qu'elle rappela à Octave au sujet de la tendresse à lui vouée par elle et par son mari, tendresse qui semblait devoir commander une confiance absolue. Sur ce point, elle avait mille fois raison; elle insista aussi, comme il convenait, sur le rôle étrange que la dissimulation d'Octave leur faisait jouer vis-à-vis du marquis de Bartannier ; enfin elle peignit sous les couleurs les plus vives et les plus vraies l'odieux d'un silence qui acceptait l'affection en ne donnant rien, en ne se faisant pas scrupule de rêver une action criminelle aux yeux de ses bienfaiteurs. Nous ne reproduirons pas ces plaintes , la péroraison seule de la harangue a droit de trouver ici sa place. En y arrivant, madame de Marvejols avait perdu beaucoup de sa première dignité et de son calme. L'émotion l'avait gagnée ; elle n'était pas moins effrayée qu'Octave des conséquences de tout ce qui se passait là.

—Voyez , lui dit-elle d'une voix tremblante , quelles sont nos transes ! M. de Marvejols est au désespoir; il n'a voulu ni vous parler ni vous entendre. Dans quelques jours , un jugement va déclarer que vous êtes notre fils , et dans quelques jours, peut-être, je ne puis pas vous le cacher, nous serons séparés pour toujours. Votre conduite envers nous est coupable ; ce que vous méditez est plus coupable encore. Jamais, je vous l'atteste, ni M. le baron ni moi ne pourrons consentir à ce que vous épousiez mademoiselle Bahurot, la petite-fille d'un homme qui a fait guillotiner M. et madame de Ternove. Parce que nous sommes maintenant au lieu et place de vos malheureux parents, nous ne devons pas souffrir que vous manquiez de piété envers leur mémoire. Je n'ose espérer que la considération du chagrin dans lequel vous allez plonger nos vieux jours vous arrête. La dissimulation dont vous avez fait preuve me donne lieu de craindre en vous le manque de cœur, et dès lors je perdrais mon temps à vous expliquer quel coup affreux ce sera pour nous, à notre âge, de voir anéantir notre dernier bonheur. Mais pensez, Octave, pensez à vous-même ! Je sais bien que les vieillards doivent aimer la jeunesse sans s'attendre à beaucoup de retour. Je ne veux donc vous parler que de vous. Songez à vous-même ; encore une fois, qu'allez-vous devenir ? M. de Marvejols ne veut point entendre parler d'un mariage indigne. Si vous le poussez à bout, il vous abandonnera ; vous n'aurez plus rien. Voici le marquis de Bartannier fort mécontent, et comme il a peu de religion, le pauvre homme ! ou que, pour mieux dire, il n'en a pas du tout, il est très-vindicatif, lui, il vous nuira ? Réfléchissez, Octave !

Octave ne remuait pas. La vieille dame n'y tint plus, éclata en sanglots, et vint, se mettant aux genoux du jeune homme assis devant elle, prendre sa tête dans ses mains, et elle lui dit de l'accent le plus douloureux :

— Octave, mon cher fils, n'abandonnez pas ainsi des parents qui vous chérissent autant que si vous étiez leur véritable fils ! Octave, cher Octave, réfléchissez que vous êtes notre unique joie ! Vous êtes amoureux : qu'est-ce que c'est que d'être amoureux aux yeux de Dieu ? Mon cher fils, songez que c'est déjà une grande faute, un péché mortel ! que l'on ne doit jamais donner à la créature des sentiments qui n'appartiennent qu'au Créateur. Ah ! mon Dieu ! dans quel état est votre pauvre âme, mon cher enfant ! Et encore si vous étiez épris d'une personne honnête ! mais de la petite-fille d'un jacobin ! Non, j'en mourrai de douleur !

— Il faut pourtant que je vous parle raison, madame, dit enfin Octave.

— Appelez-moi votre mère ! s'écria la baronne en lui serrant les mains.

— Je n'ose pas, car peut-être dans quelques minutes allez-vous m'interdire vous-même de vous donner ce titre si cher.

— Ah ! mon Dieu ! l'obstiné ! dit madame de Marvejols.

— Obstiné, non pas ; mais je sacrifie à un devoir que vous ne pouvez comprendre...

— Ah ! mon Dieu !

— J'aime mademoiselle de Ternove !

— Ah ! mon Dieu ! le pauvre enfant !

— Je lui ai juré que je n'épouserais jamais qu'elle !

— Ah ! mon Dieu !

— Et cela à une époque où je ne vous connaissais pas, où je n'avais nulle espérance certaine de fortune , et où , dans son opinion , elle me faisait une grande faveur, une faveur très-mal vue par son grand-père , en me permettant de songer à elle.

— Ah ! mon doux Sauveur ! ne pouvez-vous lui témoigner autrement votre reconnaissance? La petite-fille d'un meunier jacobin, puissances célestes !

— Ma chère mère, puisque vous me permettez de vous donner ce nom, ne savez-vous pas qu'un gentilhomme n'a qu'une parole ?

— Nous la dégagerions, mon ami, cette parole, nous la dégagerions au prix des plus grands sacrifices , s'il en était besoin ; mais vous voyez bien vous-même que personne ne songe à vous la faire tenir. Votre pauvre malheureux oncle a eu le bon sens de comprendre la folie de cette alliance. Il vous rend toute liberté.

— Je ne m'en crois pas moins obligé par ma conscience.

— Ah ! l'obstiné ! grand Dieu du ciel, l'obstiné !

Comme la vénérable dame en était là de ses exclamations, ne sachant plus comment s'y prendre, également scandalisée et désespérée, la porte de son cabinet s'ouvrit , et M. de Marvejols parut. Evidemment le désir d'être digne et la volonté de ne pas choquer Octave l'avaient fait arranger, de concert avec sa femme, cette petite comédie qui lui donnait le rôle d'un homme trop irrité pour se montrer. Longtemps auditeur invisible, mais vivement ému de ce qu'on vient de lire, il s'était contenu et était resté caché dans le cabinet ; enfin il n'y tint plus, il ouvrit lentement la porte, et s'adressant à la baronne :

— Cessez, madame, dit-il d'un air majestueux, cessez de supplier d'une manière si peu convenable ce jeune insensé qui vous doit tout et qui préfère la satisfaction d'une coupable fantaisie à l'accomplissement de ses devoirs. Sa faute est si grande, si inattendue pour moi, que, je l'avoue, je ne puis encore souscrire aux exigences de ma raison en la considérant comme sans remède. Je sais, Octave, qu'en retirant ma main qui vous soutient, vous allez tomber dans un abîme de maux ; aussi veux-je faire encore tout ce qui sera en moi pour vous rappeler à des idées plus saines. Soyez-en sûr, pourtant ! tant que mon cœur battra, tant que j'aurai quelque religion, quelque dévouement à mon roi, quelque sentiment de ce qui est permis ou défendu, tant que je m'appellerai le baron de Marvejols, je ne consentirai pas à votre union avec la petite-fille d'un meunier jacobin. Ainsi, n'ayez aucune espérance de me séduire ou de me fléchir, vous n'y réussiriez pas. Je vous donne quinze jours pour bien apprécier votre situation. Passé ce terme, si vous persistez dans vos trames criminelles, odieuses, j'ose le dire, il faudra nous séparer à jamais !

Octave avait grande envie de se lever brusquement, de faire ses adieux en trois mots à des amis si doux, si inflexibles et si discoureurs ; mais il sut se contraindre, et, se levant sans rien dire, de peur de laisser échapper quelqu'un des mouvements tumultueux qui remplissaient son âme, il se retira. Dans l'antichambre, le baron courut après lui, regarda s'il ne se trouvait là nulle oreille indiscrète, et ne voyant personne, il lui saisit les deux mains et lui jeta ces mots dans l'oreille :

— Mon bon Octave, d'ici à quinze jours ne nous rendons pas du moins la vie trop amère. Aimons-nous encore pendant le peu de temps qui nous reste ; n'ayons pas les uns vis-à-vis des autres un air froid et guindé. Ton valet de chambre m'a dit qu'un de tes amis t'avait accompagné et couchait dans ton appartement; présente-le-nous, invite-le à dîner, nous serons charmés de le connaître.

Octave remercia son protecteur.

— Que faire avec des gens de cette espèce, pensait-il en remontant chez lui, que s'accuser de perfidie, de barbarie et de dureté de cœur? Où vit-on jamais tant d'affection, une amitié qui ressemble plus à celle du chien? Je me sens odieux !

Il trouva Marcel en grande conférence avec le marquis de Bartannier.

La veille, le marquis, après s'être emporté en homme violent, ainsi qu'on l'a vu, avait eu le bonheur de faire un très-bon souper en compagnie de gens d'un esprit amusant et déluré. Après avoir beaucoup ri, il s'était trouvé dans une disposition d'humeur qui lui avait fait considérer l'affaire d'Octave sous un jour moins orageux.

— Que diable ! s'était-il dit, ce jeune homme peut avoir fait quelque grosse sottise; mais, après tout, et bien que sa fortune soit assez maigre pour le moment, il sera pair de France, il sera général de fort bonne heure ; il est joli garçon, leste, bien tourné, en crédit, enfin c'est un homme qui me convient pour ma fille. A la rigueur, je le sais, je pourrais, en me donnant un peu de peine, trouver aussi bien, sinon mieux ; mais aussi je pourrais tomber sur un gendre plus âgé, plus méticuleux, plus indépendant de moi par position et trop curieux d'avoir de suite l'administration de mes biens dans sa griffe. Avec Octave, au contraire, je resterai très-facilement l'intendant du jeune ménage. Soyons indulgent pour ce jeune homme, puisque je suis si jeune moi-même, et tâchons de rétablir les choses sur l'ancien pied.

A la suite de tous ces raisonnements heureux, le marquis s'était acheminé de bonne heure vers l'hôtel du baron de Marvejols, décidé à tenter une nouvelle conversation avec Octave. Il était monté directement chez le rebelle, et au lieu de Ternove il avait rencontré Marcel.

L'esprit matois de M. de Bartannier trouva dans la présence de cet ami un rapport avec les mystères dont Octave s'entourait. Il se montra tout aimable pour l'officier en demi-solde, se mit dans un fauteuil, sous prétexte d'attendre le commandant, et commença un interrogatoire. Or Marcel n'était pas un homme qu'on pût faire parler sans qu'il en eût envie. Il n'aurait donc rien appris à M. de Bartannier, si par hasard dans la conversation celui-ci ne s'était nommé. Alors Marcel, sortant de sa réserve, avait de bout en bout raconté les affaires d'Octave à la grande surprise du marquis, lequel ne ménageait pas les exclamations et entrecoupait le récit de l'officier de mille interjections plus ou moins énergiques.

Marcel pensait qu'en faisant toutes ces confidences sous forme d'indiscrétions, il achevait glorieusement l'œuvre dont Octave s'était félicité la veille, et contribuait à la rupture encore définitive du mariage avec mademoiselle Claire de Bartannier.

Le texte épuisé, les commentaires commençaient entre les deux nouvelles connaissances, lorsque Bartannier vit entrer Octave.

Il le reçut par un grand éclat de rire, et en lui tendant la main :

— Ma foi, lui dit-il, je ne vous savais pas de la race des chevaliers errants en fait d'amour ! Peste ! comme vous y allez !

— Ah ! marquis ! s'écria le commandant avec humeur, je vous en supplie, un peu de repos ! Je sors de chez madame de Marvejols où il n'a été question que de ce que vous allez encore mettre sur le tapis.

— Je ne veux pas vous pousser à bout, répondit Bartannier ; aussi bien suis-je de votre avis, on a beaucoup trop pris au sérieux cette affaire, qui n'est qu'un enfantillage. Je ne croirai jamais, jusqu'à ce que je le voie, qu'un homme d'esprit puisse faire une folie aussi niaise et aussi grosse que celle dont vous menacez Marvejols. Mais, comme il faut en finir, revenez me joindre chez la baronne. Il ne faut pas que la plaisanterie se prolonge, et je fixerai mon ultimatum. Adieu, mes amis, et, s'il se peut, soyons sages.

Quand le marquis se fut éloigné :

— Où en es-tu de ton affaire? dit Marcel.

— Tout est découvert, tout est à vau-l'eau. On me donne quinze jours pour réfléchir.

— M. le baron demande M. le commandant, dit le valet de chambre en présentant à la porte sa figure officieuse.

— Pourquoi faire? s'écaia Octave impatienté.

— C'est qu'il est arrivé du pays de monsieur une jeune dame, un vieux monsieur et M. de Soilles. Ils causent en bas avec madame la baronne, M. le baron et M. le marquis.

— Nouvelle complication! interrompit Marcel. Cette fois, allons ensemble!

CHAPITRE XVIII.

Octave et Marcel se préparaient donc à se rendre au salon, quand un visiteur se présenta à leur porte et leur barra le passage.

Ce n'était autre que Julien de Soilles.

A la vue de ces deux jeunes gens, que son aspect surprenait un peu et ne semblait pas charmer, Julien sourit avec la bonne humeur dont il couvrait d'habitude ses secrets sentiments, et, leur tendant la main à tous deux :

— Allons, dit-il, point de rancune. Octave, point de bouderies ! Je vous fais les avances, et pourtant vous m'avez joué un véritable tour d'écolier ! Savez-vous bien que j'ai craint un moment de rester à Ternove quelque huit jours, tant je supposais que vous aviez bien pris vos mesures ?

Mais, grâce au ciel, vous n'avez pas été assez fins, et n'accusez que votre maladresse de mon retour. Allons, messieurs, une physionomie moins sombre et moins rébarbative ! J'arrive, comme vous en êtes sans doute informés déjà, avec de la compagnie. Quoi ! vous restez muets ?

— Je ne sais ce que je dois penser, dit Octave avec hauteur ; et si...

Julien lui coupa la parole.

— Encore une fois, cent fois, épargne-toi les airs de matamore. A quoi bon nous menacer du geste et de la voix, non plus comme des héros d'Homère, mais comme des portefaix prudents décidés d'avance à ne se faire aucun mal ? Crois-moi, Octave, touche là ! Il n'y a pas dans tout ceci de quoi nous brouiller ! J'en fais juge M. Marcel lui-même. Qu'as-tu à me reprocher ? Si tu peux m'accuser d'égoïsme, je te sauve en travaillant pour toi ! Dieu merci, j'ai réussi, et te voilà hors de tout danger, et malgré toi.

— A quoi toutes tes intrigues vont-elles aboutir ? repartit Ternove d'un air dédaigneux.

— A ce que tu n'épouseras pas mademoiselle Marguerite !

— Je ne l'épouserai pas ?

— Certes, non ! et tu vas le voir toi-même.

— Je jure, par le ciel...

— Ne jure ni par le ciel qui est le trône de Dieu, ni par la terre qui lui sert de marchepied, interrompit Julien d'un air railleur. J'ai décidé que tu n'épouserais pas la cousine, et force me restera. D'ailleurs sois bien persuadé d'une chose..

— De laquelle ?

— C'est qu'elle-même donnerait plutôt sa main au diable qu'à toi.

— Tu lui as fait quelque infâme mensonge? Elle est aveuglée par une rouerie de ta façon?

— Quelle touchante politesse! Non, mon ami, non; il ne s'agit pas d'une femme induite en erreur, mais simplement d'une femme qui... Nous sommes bien généreux, bien magnanime, n'est-ce pas, M. Octave de Ternove? Nous semons les sceptres et les couronnes au pied de l'autel de l'amour? Eh bien! nous avons une cousine qui se flatte d'égaler Orosmane en générosité!

— Oh! si ce n'est que cela, on lui fera entendre raison.

— Mais, voyons un peu, continua Julien, ce que M. Marcel en pense. Permettez - moi de vous dire, mon cher monsieur, que vous restez là à nous regarder comme ces idoles de bois dont m'entretient mon directeur, et qui, par une particularité assez piquante, avaient des yeux et des oreilles et ne voyaient ni n'entendaient.

— Je ne mérite ni cette apostrophe ni cette comparaison, répondit Marcel, mais je suis fort indécis.

— Indécis sur quoi? demanda Octave.

— Eh! parbleu! indécis sur ton mariage; je ne sais plus ce que je dois penser, vouloir, conseiller, et, je l'avoue, la circonstance est tellement compliquée, qne je commence à reprendre mon premier avis. Si tu n'épousais pas Marguerite? Puisque aussi bien elle se détache elle-même de toi? Cette noble fille a raison, sur mon âme!

— Sacrebleu ! hurla Octave en frappant du pied.

— Bravo ! s'écria Julien, en serrant la main de Marcel.

— J'ai toujours considéré ce projet en lui-même comme une folie, poursuivit Marcel, et ce qui m'avait décidé à en faire pour toi une question d'honneur, c'était l'intérêt de ta cousine. Mais si je me suis trompé, et que la passion, de son côté, soit moins forte ou que le dévouement puisse étouffer la passion, ou bien encore que le raisonnement, aidé de quelques semaines et d'un mari, puisse en venir à bout, ma foi, je conviens que j'aimerais autant voir ce mariage rompu !

— Voilà parler en homme sensé ! s'écria de Soilles au comble de la joie.

— Un moment, continua encore Marcel ; il est bien entendu que je suppose dans mademoiselle de Ternove un parfait changement d'idées ; car si je découvre que la rupture des anciens projets doit faire son malheur, comme je considérerais Octave comme l'unique cause du mal, il doit alors, je persiste à le penser et à le dire, se sacrifier, si sacrifice il y a !

— Tu m'exaspères, interrompit Octave, par tes tergiversations perpétuelles ! Jamais deux jours de suite du même avis ! Mais malgré toi, malgré vous, malgré l'univers entier, je persisterai dans mes résolutions. Marguerite ne peut retirer sa parole, ce n'est pas possible ; et si elle le fait aujourd'hui, c'est, comme l'a dit Julien, par générosité, et la générosité ne tiendra point contre mon amour et mon obstination. Après tout, à quoi bon argumenter ainsi ? Tous ces discours n'avancent à rien ; descendons.

— Je te demande bien pardon, reprit Julien, cela m'avance à ce que M. Marcel n'est plus de ton bord, et que tu te trouves seul désormais contre l'univers entier.

— C'est très-malheureux ! dit Marcel en soupirant. Dans tous les cas , si Octave a tort , il n'en sera que plus têtu.

— Descendons-nous ? Encore une fois , descendons-nous ?

— J'y consens volontiers, dit Julien.

— Et moi, je vous suis.

En prononçant ces dernières paroles , Marcel prit son chapeau , et une minute après , les trois interlocuteurs entraient dans le salon.

Il était facile de voir que les personnes qui s'y trouvaient rassemblées s'observaient plus qu'elles ne s'entendaient.

Sur le canapé était assise , roide comme un piquet, madame de Marvejols, tenant son éventail à la main avec non moins de dignité qu'elle eût pu le faire dans un portrait destiné à transmettre son image vénérable à la postérité la plus lointaine ; M. de Marvejols était dans un fauteuil, à quelques pas de madame sa femme, et aspirait solennellement de nombreuses prises de tabac. Le marquis s'appuyait nonchalamment sur le marbre de la cheminée, et un sourire gracieux voltigeait sur ses lèvres. Les regards attachés sur mademoiselle de Ternove, il appréciait en connaisseur la question de savoir si elle méritait ou non l'amour d'Octave, et on peut deviner quelle était la signification exacte du mot *amour* pour le gros marquis.

Devant cet aréopage, Gérard tenait une contenance un peu embarrassée. Le brave capitaine de Champagne n'avait pas beaucoup vu le monde dans sa jeunesse. Gentilhomme peu riche, il avait ressenti l'influence d'une époque où la grande prépondérance des familles de cour et de finance réduisait les cadets des provinces à une condition assez médiocre. Malgré son nom, il n'aurait alors jamais pu compter que pour un officier de fortune, si par hasard il avait eu dans la tête un grain d'ambition et s'il avait voulu franchir le grade de capitaine. C'est ainsi que l'ancienne monarchie faisait les affaires de cette pauvre noblesse qui pourtant, malgré l'ingratitude et les longues perfidies de ses maîtres et de leurs favoris, se crut encore obligée d'aller se faire assommer dans la Vendée et aux armées lorsque la révolution éclata.

Pour en revenir à notre sujet, le bon Gérard de Ternove n'avait pas beaucoup l'habitude des salons. En outre, poursuivi sans cesse par le repentir de son alliance avec les Bahurot, il se croyait lui-même déchu et presque déplacé dans toute compagnie respectable, et y devenait d'une extrême timidité. Puis, dans la circonstance actuelle, il avait encore d'autres sujets d'embarras. Il venait pour détruire de ses propres mains le désir le plus ardent de son âme et de toute sa vie ; il venait, poussé par sa fille, par les déclamations de de Soilles ; il agissait à contre-cœur, et pourtant ne pouvait aussi de lui-même que frémir à la pensée d'empêcher son neveu, le fils de son frère aîné, un

Ternove, de parvenir à une dignité qui pour lui ne représentait rien moins que la pairie de l'ancien régime. Aussi se tenait-il sur sa chaise droit comme un peuplier, le haut du corps en avant, son chapeau entre ses genoux, sa croix de saint Louis pendillant d'un demi-pied à sa boutonnière et baissant comme une jeune fille pudique son front poudré *à l'oiseau royal*.

Tel était le digne et honnête homme que le vieux Marvejols, non moins digne et non moins honnête, considérait avec une méfiance comique, le regardant comme un très-rusé et très-redoutable intrigant. Les deux vieillards se tenaient ainsi l'un l'autre en échec.

Et Marguerite? Marguerite était assise à côté de son père. Pauvre Marguerite! Julien, ne voulant pas laisser refroidir son enthousiasme, qu'il trouvait trop beau pour le croire bien durable, lui avait persuadé de venir elle-même à Paris, et s'était empressé de la conduire chez le baron avec son père, une heure au plus après leur arrivée. En deuil de son grand-père, elle portait une robe de soie noire et une collerette de valenciennes qui encadrait à merveille son charmant visage, ordinairement frais et rosé, mais que la fatigue du voyage et plusieurs nuits d'insomnie avaient couvert de pâleur. Ses beaux cheveux blonds étaient attachés et lissés sur sa tête avec le soin particulier qu'elle leur accordait toujours.

Les femmes ont beau avoir d'immenses chagrins, d'amers désespoirs, de profondes déceptions, lorsque la nature les a douées de beaux cheveux, elles savent toujours réserver la part de soins qui appartient si légitimement à cet ornement merveilleux de leur personne. Quelque vive que soit la souffrance d'une femme aux beaux cheveux, elle trouvera un moment et un long moment pour sa coiffure, et serait-elle près de mourir, elle y songerait encore. Cette charmante préoccupation emporte avec elle une idée de respect pour la beauté qui excite l'admiration et l'attendrissement. C'est encore une des perfections de la nature déjà si parfaite des femmes. Marguerite avait donc ses beaux cheveux merveilleusement arrangés.

Elle était arrivée, déterminée à faire ce qu'elle considérait comme un devoir, à sacrifier Octave à Octave, à tout arranger autant qu'il dépendait d'elle pour qu'il reprît sa liberté, et, avec sa liberté, les grands avantages de sa position. Plus l'abnégation était grande, plus elle y trouvait de charmes; elle se roidissait contre sa douleur, et afin de se donner du courage, cherchait les extrêmes. Pour les âmes dévouées, c'est peu de donner ce qu'on leur demande, quand on leur demande leur propre bonheur; il faut encore livrer tout ce qui pourrait légitimement leur en rester, ces morceaux précieux d'une félicité brisée, que plus tard on regrette avec larmes, mais que dans le moment de l'exaltation on repousse intrépidement loin de soi. Non-seulement elle ne voulait plus d'Octave, mais, pour rendre à son amant tranquillité et bonheur, elle était résolue, s'il le fallait, à mériter sa haine, à exciter son mépris.

— Ainsi, pensait-elle, il ne me regrettera pas; jamais plus tard il n'aura l'idée qu'il aurait pu vivre heureux avec Marguerite; moi, mon devoir bien entier sera accompli , et je mourrai ensuite.

Telle était la femme sur laquelle le bon et honnête Marvejols jetait aussi de temps en temps un regard furtif et effrayé, avec la double terreur d'un homme simple et d'un dévot, et qu'il croyait devoir comparer aux dangereuses sirènes de la mythologie. Il se l'était déjà dit vingt fois : *Je crois que c'est une sirène*, lorsque Julien , Marcel et Octave entrèrent. On présenta Marcel , et chacun s'assit.

Incontestablement les deux hommes habiles de l'assemblée étaient Julien et le marquis de Bartannier. Il serait même difficile de décider si le second était inférieur au premier ; ce qu'il avait d'esprit en moins , il le regagnait en astuce matoise ; aussi les forces de ces deux personnages auraient-elles pu se contre-balancer. Ici il n'existait pas de difficultés, ils étaient alliés.

Les autres personnages, y compris Marcel, se sentaient trop sincèrement émus pour pouvoir diriger les opérations. Cet honneur revenait de droit à l'un des deux hommes forts. Bartannier, ajoutant le privilége de l'âge à celui de l'intelligence, prit le dé.

— Avec la permission de madame de Marvejols, dit-il, occupons-nous de l'affaire un peu grave qui nous tient réunis. Je sens que mon intervention personnelle ne s'explique pas suffisamment pour M. Gérard de Ternove ; mais je suis l'ami intime du baron, et il veut bien m'honorer d'une confiance...

— Absolue, mon cher marquis, dit le baron.

— Je ne répugne même pas à dire que certains engagements de famille devaient me faire considérer Octave comme m'appartenant ou plutôt comme devant m'appartenir d'assez près.

— Trêve d'explications, marquis, je vous en conjure, dit le baron. Il est temps d'en venir au fait.

— Le fait est simple. Tout le monde ici le sait, hormis peut-être Octave. Voici, mon ami, que M. votre oncle vient de nous faire une déclaration dont je le prierai de vouloir bien lui-même répéter les termes.

— Je ne cache pas, répondit Gérard en poussant un profond soupir, que me prononcer une fois de plus m'est pénible et me semble surabondant.

— Pordonnez-moi, monsieur, reprit le baron d'un ton aigre, il importe que tout le monde ici connaisse son devoir.

— En effet, monsieur, dit le marquis. Expliquez-vous, et nettement, s'il est possible.

— Parlez comme on le veut, dit Marguerite tout bas à son père.

Gérard regarda son neveu de l'œil d'un propriétaire perdant son bien ; mais ce regard avait quelque chose d'attendri et de pieux qui eût touché des gens moins prévenus que le baron et le marquis. Puis le vieux capitaine parla en ces termes :

— Mon neveu, j'ai encouragé autrefois vos espérances à la main de ma fille ; mais depuis que je connais votre position véritable et le tort que vous serait une alliance avec nous, je considère comme une obligation d'honneur de vous refuser mon consentement... de vous refuser mon consentement...

Ici Gérard se tourna vers sa fille ; on lui avait certainement fait apprendre son discours par cœur, et il n'avait pas encore tout dit, soit que la mémoire ou la bonne volonté lui manquât. Marguerite répondit à ce coup d'œil de détresse par un regard suppliant, et Gérard alors reprit en ânonnant :

— De vous refuser mon consentement ; et ma volonté est tellement formelle, que si ma fille osait y résister, je lui donnerais ma malédiction, et ne céderais jamais à ses instances. Ouf !

Il y eut un moment de silence.

Le marquis s'adressa à Marguerite.

— Mademoiselle, lui dit-il d'un air galant, je comprends tout ce que cette scène doit avoir d'affligeant et de pénible pour vous ; mais quelles sont vos intentions ?

— D'obéir en tout et toujours à mon père, répondit la pauvre fille d'une voix tremblante.

— Ainsi vous n'agréez pas la poursuite d'Octave ?

— Non, monsieur, répliqua-t-elle avec fermeté.

— Eh... mais pardonnez-moi si j'ose m'immiscer dans les arrangements domestiques de votre famille...

Marguerite fit un signe de tête qui pouvait passer pour une autorisation.

— On nous a parlé d'un jeune homme, fils d'un notaire de Charleville, auquel M. votre grand-père vous destinait, et qui est, dit-on, un bon sujet ; vous n'avez aucune répugnance à conclure ce mariage?

— Non, monsieur, dit encore Marguerite.

Sa voix semblait résolue, pourtant elle sentait son cœur se déchirer ; mais, livrée aux fureurs du dévouement, elle était sûre de ne pas faiblir.

— Voilà, ce me semble, qui est positif, dit le marquis de Bartannier en se tournant d'un air digne du côté d'Octave.

— Oui, ajouta le baron. D'une part, M. de Ternove te défend de songer à sa fille ; d'autre part, mademoiselle ne songe pas à toi...

— Et épouse un notaire, dit Julien.

— Votre position, mon cher commandant, est des mieux expliquées. Si vous étiez assez bon pour répondre, nous saurions ce que nous devons penser de vos réflexions à ce sujet.

— Les voici, répondit Octave en se levant. Mon oncle et ma cousine, par des sentiments qui d'ailleurs les honorent de toute manière, jouent une comédie que je blâme hautement. Si je croyais à leur sincérité, je pourrais être douloureusement affligé ; mais je ne m'abuse pas. Je ne suis pas même ébranlé dans ma volonté première.

—Vous vous trompez, mon cousin, dit Marguerite d'une voix claire, j'aime la personne que je vais épouser et ne songe à aucune autre.

Octave la regarda comme s'il eût été frappé de la foudre.

— Vous aimez le notaire ! s'écria-t-il.

— Oui, repartit Marguerite, et je veux l'épouser, puisque mon père y consent.

— Vous m'abandonnez?

— Oui, dit-elle.

Octave tourna un moment sur lui-même comme s'il devenait fou ; et, ne se sentant plus maître de lui, il se précipita hors du salon.

— Tout va bien , murmura le marquis en se frottant les mains.

Ternove avait agi presque sans savoir ce qu'il faisait , et par le sentiment machinal qui porte un être vivant à fuir la souffrance. Il traversa les appartements en courant. Il n'entendait et ne voyait rien. Il se trouva dans sa chambre, il se jeta sur son lit ; il mordit les oreillers en s'y roulant comme un fou ; il se releva, il regarda autour de lui avec stupeur ; tout lui paraissait changé, ou plutôt il ne se rendait pas compte de ce qu'il avait sous les yeux, du lieu même où il se trouvait ; il eût voulu pouvoir arracher son cœur de sa poitrine, car c'était son cœur qui lui faisait souffrir mille morts. Il n'avait pas une idée exacte, pas une idée entière. Il ne voyait , il n'entendait bruire dans ses oreilles , où tout son sang bourdonnait furieux , que les mots seuls qui le séparaient de Marguerite : *Elle ne m'aime pas!* Il n'avait pas d'autre pensée, et ce n'était pas proprement une pensée, quelque chose de défini, de compris , d'apprécié qui se mouvait là si cruellement dans sa tête , c'était un instrument de torture inconnu dont il recevait les coups sans se rendre compte de ce qui l'accablait.

Heureusement de tels paroxysmes ne peuvent durer. La nature n'a pas donné à l'homme une organisation assez forte pour résister à de pareils accès ; elle ne permet pas que les muscles , les nerfs, le sang, la vie soient bouleversés longtemps par une aussi sauvage exaltation. Au bout de quelques secondes, Octave revint à lui-même. La réflexion, son triste flambeau à la main, entra d'un pied morne dans les abîmes de son âme, et commença à en inspecter les horreurs. Marguerite le repoussait.

Octave, après avoir contemplé avec effroi son arrêt redoutable, commença à le considérer plus froidement. Longtemps le doute passionné, qui ne se sépare qu'à de courts instants de l'amour profond, l'égara sur une fausse route ; longtemps il s'obstina à se redire à lui-même les raisons les plus folles, les plus absurdes pour se prouver que le changement de Marguerite était sincère, et, partant, irrévocable ; obsédé d'horribles fantômes sortis de son imagination en délir e, il plia sous des jalousies irraisonnées, et maudit mille fois le rival fantastique qu'on avait jeté devant sa pensée. Il trouva possible que pendant son absence un intrus se fût emparé du cœur dont il n'était pas encore bien maître, et que, les observations de Julien aidant, Marguerite se fût résolue à le sacrifier, en se donnant même la gloire peu chère d'un dévouement.

Mais d'aussi frivoles apparences ne pouvaient supporter l'examen. A mesure que son âme, en s'endormant sous la fatigue du mal, le laissait plus maître de sa raison, il se débarrassa de ses craintes insensées, et enfin il reconnut que ses terreurs étaient sans fondement ! Où était la preuve de son infortune ? Se pouvait-il bien que Marguerite en quelques jours eût cessé de l'aimer ?

Quelle folie ! Il aurait fallu que cette jeune fille

l'eût trompé au moment même où leurs fiançailles s'étaient faites dans la chambre de Gérard ! il aurait fallu... des impossibilités ! Non certainement Marguerite n'aimait pas un étranger ; Marguerite l'aimait lui , lui seul. A l'instant où cette conviction vint luire sur les mouvements encore tumultueux de son âme , tout s'apaisa comme par miracle.

Qu'était-ce que la colère et l'abandon du baron, la vengeance de Bartannier, les billets souscrits à Julien , devant le malheur, auquel il avait cru, de n'être plus aimé de Marguerite ? Qu'était-ce que toutes les splendeurs dont il s'agissait de se dépouiller, au prix de la perte de Marguerite ?

Comme il ne voulait plus rien être , il n'avait plus rien à ménager. Il ne songeait plus à rien conserver pour réédifier sa fortune dans l'avenir ; il lui fallait donc ne garder aucune précaution. Son désintéressement passait toutes les limites de l'imprévoyance. Sur-le-champ il résolut de renoncer à son grade de chef d'escadron et à son emploi d'officier d'ordonnance. Sans tarder il trancha le nœud gordien et écrivit sa démission ; puis il s'assit sur son lit , et se demanda ce qu'il allait faire du reste de son existence. Le moment était peu favorable pour obtenir une réponse un peu sensée. Il se répliqua à la vérité longuement, mais des choses qui signifiaient seulement qu'il aimait Marguerite , et que cela suffisait et suffirait. Bien entendu, il ne se rendit nul compte de ce que nous analysons si librement ici. Il battit la campagne et ne s'en aperçut pas.

Il n'avait plus de choix. Ternove deviendrait sa

demeure, et les clôtures du verger, au moral comme au physique, borneraient son horizon; cette terre allait être chargée d'une assez lourde hypothèque, avec le temps il parviendrait certainement à dégrever le domaine. Il se ferait agriculteur. L'ombre des Ternove n'aurait peut-être pas toute la satisfaction qu'elle aurait eue s'il était devenu pair de France; mais quoi! il imiterait, dans sa modestie, la vie obscure de son père et de son grand-père. Déjà il se voyait en veste de bure et en sabots, administrant ses douze mille livres de rente. A chaque pulsation de son rêve, il devenait plus calme, et déjà il était presque content, tant a de puissance le mirage de l'esprit. En réalité, il n'était pas sur la terre, et ne songeait pas à y redescendre. Aussi, entendant retentir de loin le pas ferme de Marcel, il prit une porte dérobée et s'esquiva.

Il gagna la rue, puis les boulevards, puis il erra sur les places et dans les coins les plus lointains de Paris. Il alla au Jardin des Plantes. Côte à côte avec les habitants inoffensifs de ce quartier lointain, il regarda les lions et les ours. Il était horriblement las et ne pensait presque plus à rien, pas même à Marguerite. Il se laissait aller sans rien sentir. Son abattement était si entier, qu'il oublia pendant une grande partie de la journée sa démission dans sa poche. Il y songea enfin, et, quittant le Jardin des Plantes, il revint du côté du ministère de la guerre et mit lui-même sa lettre chez le concierge. Le sacrifice était consommé.

Comme il sortait, il se heurta au détour d'une rue avec les personnes qu'il désirait le plus rencontrer : c'étaient Gérard et Marguerite. Le vieux gentilhomme jeta un cri de joie.

— Viens que je t'embrasse, mon enfant, lui dit-il avec effusion, en jetant les bras autour du cou de son neveu, sans nul souci des passants ; je ne sais pas quel diable de rôle on me fait jouer envers toi, mais le fait est que je t'aime du meilleur de mon âme !

— J'en suis bien sûr, mon oncle, mon excellent oncle, répondit Octave. Son émotion surpassait celle du vieillard.

— Nous sommes au milieu de la rue, dit Marguerite en baissant les yeux pour ne pas regarder son cousin ; séparons-nous.

— Oh ! non ! repartit Octave. Ce matin vous n'étiez pas vous-mêmes ; d'autres gens parlaient par votre bouche ! On vous avait monté la tête !

— Pardonnez-moi, répliqua froidement Marguerite, nous avons rempli un devoir. Maintenant laissez-nous ! Cette conversation dans la rue, outre qu'elle est déplacée, ne pourrait amener aucun résultat ; veuillez, mon père, engager mon cousin à nous quitter !

— Octave, tu entends ce que dit ma fille ? Marguerite a raison ; nous avons agi comme il était nécessaire. Laisse-nous tranquilles. Adieu... adieu, mon pauvre enfant !

Marguerite fit un mouvement marqué pour entraîner son père ; mais Ternove restait toujours planté devant eux et leur barrait le passage. Il était à deux doigts de retomber dans le désespoir furieux de la matinée ; mais par bonheur la pensée lui vint que la dureté actuelle de Marguerite était la conséquence du devoir qu'elle s'imposait ; plus de fierté que de vérité entrait donc dans la contenance froide de la jeune fille.

Il se mit à supplier.

— Chère Marguerite, dit-il, songez combien vous êtes dure. Vous voulez changer toute votre existence et la mienne, et c'est devant des étrangers que j'ai appris votre volonté nouvelle et si inattendue ! Vous me deviez bien, ce me semble, une explication, ne fût-ce qu'une marque de pitié. Vous me devez quelque chose ; ne vous détournez pas ainsi de moi, je vous en conjure, je n'ai rien fait pour mériter votre haine.

— Nous sommes dans la rue, dit Marguerite en tenant obstinément sa tête baissée. Mon père, allons-nous-en.

— Marguerite a raison, corbleu ! Octave, va te promener, mon ami ! Nous nous reverrons quand tu seras pair de France.

— Vous ne voulez pas m'entendre ? murmura Octave d'une voix sourde, en passant de l'humilité à la fureur.

— Je n'ai rien à vous répondre, et vous ne devez rien avoir à me dire, balbutia Marguerite. Mon père, partons.

Octave se rangea d'un air glacial ; Gérard et sa fille passèrent. Le jeune homme resta encore quelques instants immobile. Il avait dans le cœur tous les feux de l'enfer. Puis il revint à lui.

— Pauvre Marguerite, pensa-t-il, elle souffre plus que moi ! Elle m'aime ! elle m'aime ! Je ne puis pas la quitter, la perdre ainsi ! Il faut que je lui parle, que je lui ouvre les yeux. Ah ! mon Dieu !

je ne lui ai seulement rien dit... Ma démission...
Maladroit !

La jeune fille et son père avaient gagné le coin
de la rue et disparu. Octave courut et arriva au
point où il avait cessé de les apercevoir. Il se tint
derrière l'angle d'une maison et regarda. Il vit son
oncle et sa cousine marchant fort vite et se retournant plusieurs fois. Evidemment, ils avaient peur
d'être suivis par lui. Bien lui prit donc de s'être
caché : il ne fut pas aperçu. Quand ceux qu'il
épiait eurent passé un autre coin de rue, il reprit
son manége et finit ainsi par les voir entrer dans
un hôtel de la rue de Richelieu. Bien sûr que là
était leur demeure, il se précipita sous la porte co-
chère en demandant :

— M. de Ternove ?

— Il est sorti, monsieur.

— Je vous demande pardon, je viens de le voir
rentrer.

— Sa porte est défendue, et il ne reçoit personne. J'ai des ordres positifs.

Octave mit un louis dans la main de son interlocuteur.

— M. de Ternove me recevra, moi.

— C'est au troisième, n° 6.

— Bien !

Il monta l'escalier tout pantelant, et frappa. La
voix de Gérard cria : Entrez ! et au même instant
Marguerite ouvrit.

Elle avait ôté son chapeau , et Octave la put
mieux considérer qu'il ne l'avait fait dans la rue et
chez madame de Marvejols, où la jeune fille s'était

placée à contre-jour, dans une partie obscure du salon.

Elle était horriblement pâle, et, depuis cinq jours que le commandant avait quitté Ternove, changée d'une manière effrayante. Ses grands yeux bleus étaient entourés d'un cercle noir et brillaient de l'éclat de la fièvre; ses lèvres presque blanches étaient serrées l'une contre l'autre. Dans cette physionomie jadis si douce et si calme il y avait une révolution entière. Marguerite n'avait plus que quelques traits de la jeune fille qu'Octave avait aimée autrefois; elle ne paraissait plus charmante de la même façon, mais plus belle mille fois : elle était sublime.

Octave, en voyant les traces de tant de chagrin sur cette figure divine, eut un mouvement de joie cruelle.

— Elle m'aime donc! se dit-il.

L'univers entier roulait pour lui sur cette question.

En l'apercevant, Marguerite fronça le sourcil. Il se glissa dans la chambre, et regardé d'un air stupéfait par Gérard, qui n'osa pas lui parler, il alla se mettre dans un coin, le plus loin possible de la porte, et s'assit. C'était enfantin : mais cela enfin voulait dire qu'il ne s'en irait pas.

Marguerite le comprit bien ainsi et lui dit froidement :

— Que voulez-vous ?

— J'ai donné ma démission de mon grade et de mon emploi, dit Octave d'un air humble.

—Vous avez eu tort, c'est une folie; il faut retirer votre démission.

— Il est trop tard. D'ailleurs je ne le ferai pas ; ni le baron, ni personne ne peut désormais plus rien pour moi ; vous voyez que j'ai rompu tous les liens qui m'attachaient aux Marvejols. Regardez-moi, Marguerite !

— Vous agissez comme un insensé et comme un homme sans courage. Vous n'avez rien à demander ici. Allez reprendre votre démission.

— Soyez sûre que je n'en ferai rien. Je suis libre comme l'air. Regardez-moi une seule fois, Marguerite !

— Vous allez causer le désespoir de cette famille qui vous aime comme un fils et qui vous a comblé de bienfaits. Cette vieille dame est pour vous meilleure qu'une mère ; elle a tous les droits à diriger vos résolutions ; retournez auprès d'elle. Rester ici ne vous servira de rien.

— J'ai donné ma démission, je ne retournerai pas chez les Marvejols ; je ne possède plus rien au monde ; je n'ai ni état ni fortune ; je n'ai plus que vous seule. Par pitié, Marguerite, regardez-moi une seule fois !

— Pourquoi voulez-vous que je vous regarde ? répondit Marguerite. Qu'avez-vous à attendre ? et qu'y a-t-il de commun entre nous deux ? Il ne faut plus y revenir. Je ne vous suivrai dans aucune contradiction de ce que j'ai fait ; je n'ai plus à penser à vous, vous ne devez plus songer à moi. Une vie noble et grande vous réclame ; vos talents ne doivent pas être enterrés dans une existence obscure, et ce serait me charger d'une responsabilité odieuse que de m'imposer le crime de vous avoir détourné de votre avenir.

— Qu'elle est changée ! dit Octave en se tordant les mains.

— Nous avons rêvé ensemble, poursuivit Marguerite, je me suis réveillée un peu tard peut-être ; mais enfin je suis éveillée, bien éveillée ; je vois où je vous entraînais, le mal que je vous causais ; je vous retire ma main ; marchez seul, allez où vous devez. Je suivrai toujours avec une joie que je ne veux pas vous taire tout ce que vous ferez d'honorable, mais je le suivrai de loin, et je n'aurai pas l'affreux remords de vous avoir perdu pour vous avoir mal aimé ! Ne restez pas ainsi accablé ; levez-vous, levez-vous, partez ! Votre présence ici est un trouble horrible pour votre oncle, et, si cela peut influer sur votre esprit, une douleur pour moi. Ne parlez pas ! Je devine ce que vous allez dire ! quelque chose que je ne veux pas entendre !

— Tenez , répondit Octave , vous agissez mal avec moi ! Je comprends, à la rigueur que nous puissions nous séparer ; mais ce ne devrait pas être ainsi.

— Et de quelle autre façon, repartit Marguerite, pourriez-vous être décidé à suivre le seul parti raisonnable ?

— Si vous me parliez avec bonté , si vous étiez pour moi ce que vous devriez être ; car vous m'avez aimé, vous avez eu dans votre âme cette attache puissante qui n'a pas quitté la mienne et dont je veux mourir mille fois plutôt que d'être délivré... Oh ! Marguerite, je n'ai pas été pour vous un indifférent, un ennemi qu'on insulte, qu'on blesse, qu'on déchire à plaisir !...

— Calmez-vous ! ne parlez pas de cette façon, dites paisiblement ce que vous demandez.

— Eh bien donc ! je disais que si vous m'aviez raisonné et imposé ma part d'un commun sacrifice, j'aurais pu, même désespéré, y souscrire ! Je vous aurais admirée plus encore que par le passé, et pour rester digne de vous, j'aurais, oui, j'aurais obéi à votre volonté ! Je serais sorti d'ici désolé, mais peut-être résigné ; j'aurais retiré ma démission...

— Que ne le faites-vous ? s'écria Marguerite ; qui vous arrête ?

— Ce qui m'arrête ?... quand vous me traitez avec une hauteur si insultante ? quand, sans motifs, sans droits, vous me témoignez une aversion dont je ne sais dire si elle m'étonne ou me déchire davantage, vous me demandez ce qui m'arrête ?.. Mais si vous voulez un instant être juste, soyez autre, au nom de la pitié ! Regardez-moi comme jadis, parlez-moi comme à un homme qui ne vous est pas odieux, et alors... Oh ! faites-le, Marguerite !

Octave se laissa tomber sur les genoux et prit les mains de sa cousine penchée vers lui. Peut-être avait-elle l'idée de céder aux désirs de son amant... Mais tout à coup, comme effrayée des conséquences de sa faiblesse, elle se redressa, et, avec une froideur mortelle, elle dit :

— Pourquoi tous ces discours ? Je ne vous aime pas, je ne vous aime plus !

— Alors, repartit Octave en se levant, rien ne me retient ici. Adieu, mon oncle, je reste ruiné. Quelque jour je solliciterai de vous un morceau de pain , mais ce sera de loin. Votre fille a brisé mon cœur, et en même temps elle a tué cet avenir qu'elle voulait tant me conserver. Adieu, mon oncle , je n'ai jamais été vraiment aimé que d'une seule personne , et cette personne c'était vous !

Octave sortit.

Gérard s'arrêta un moment pensif devant la porte qui venait de se refermer sur le malheureux amant.

— Quelle triste affaire ! se disait le vieux capitaine. Un si bon garçon ! Enfin , il paraît que c'est pour son bien ! Le diable m'emporte si je vois goutte dans tout ceci. Et voilà que je pleure comme une bête !...

En essuyant ses yeux avec ses doigts , il se retourna , et regarda Marguerite assise près de la table et la tête sur son épaule.

— Allons, je parie que tu pleures aussi, lui dit-il. Marguerite ! Marguerite ! ma petite fille, parle-moi, parle-moi donc !

Il prit la tête de la pauvre enfant entre ses mains, la releva de force ; mais elle retomba inanimée sur le bord du fauteuil.

Marguerite était évanouie.

CHAPITRE XIX.

Dans ce moment la porte s'ouvrit et Gérard vit entrer Julien de Soilles, suivi du marquis de Bartannier.

— Messieurs, dit Gérard en se levant pour répondre au double salut des arrivants, je suis désolé de vous recevoir dans un si triste moment ; mais, vous le voyez, ma fille est très-malade, et, à vous parler sincèrement, je ne sais comment venir à son secours. Il y a bien plusieurs moyens indiqués en pareil cas, tels que de brûler de la plume sous le nez, de faire respirer des sels particuliers, de.....

Pendant que Gérard discourait ainsi avec un ton pleureur, de Soilles, du premier coup d'œil, avait compris l'état de la jeune fille ; et, laissant le père à

son discours, il s'était élancé vers une fenêtre, l'a-
vait ouverte, était revenu à Marguerite, et la secouant avec quelque brusquerie, lui faisait en même temps respirer un flacon de vinaigre anglais.

Soit que l'évanouissement de mademoiselle de
Ternove fût à sa fin, soit que les soins du jeune
homme eussent obtenu une heureuse influence,
Marguerite ouvrit bientôt ses beaux yeux, et à travers la langueur qui voile encore les sens au sortir d'une pareille mort, elle se rendit compte de la
présence d'étrangers dans la chambre. Elle éprou-
va alors de la honte et du chagrin, sentiments qui,
tout pénibles qu'ils fussent, eurent du moins ce
résultat de hâter en elle le retour à la vie. Elle se
releva sur son fauteuil, et resta silencieuse ; mais
certaine rougeur témoigna de son mécontentement
et de son embarras.

Bartannier crut devoir engager la conversation.

— Nous sommes vraiment aux regrets, mademoiselle, de nous présenter devant vous d'une
manière aussi inopportune. J'espère que vos forces reviennent peu à peu ?

Marguerite s'inclina sans répondre.

— Mon Dieu, continua le marquis, rien n'est
plus effrayant et par le fait moins dangereux que
de pareilles indispositions ; pour moi, j'en ai été
souvent le témoin fort involontaire, je vous assure,
attendu que j'éprouve toujours, à voir quelqu'un
souffrir ou même en avoir l'air, un sentiment désagréable ; mais une dame de ma connaissance...

De Soilles crut devoir interrompre un propos
qui tournait fort inutilement aux confidences.

— M. de Bartannier et moi, mademoiselle, dit-il, nous sommes désolés de notre indiscrétion ; mais, venus ici pour un intérêt qui nous est commun à tous, et en véritables amis de votre famille, nous voudrions vous entretenir quelques instants, ainsi que M. votre père.

— Je ne sais pas bien, monsieur, répondit Marguerite avec un effort, comment il peut être utile que monsieur et vous parliez à mon père. Cependant je crois qu'il ne refusera pas de vous entendre. Je vous demanderai la permission de me retirer auparavant quelques minutes avec M. de Ternove. Qu'en pensez-vous, mon père ?

— Je serai charmé de me mettre à la disposition de ces messieurs, dit Gérard avec un salut des plus courtois.

Marguerite sortit du salon, et il la suivit.

Julien tira Bartannier à l'autre bout de l'appartement.

— Voulez-vous me permettre, M. le marquis, de vous faire une petite observation ?

— Je vois à votre air, M. de Soilles, que c'est une leçon que vous allez me donner.

— Jamais je ne voudrais me le permettre !

— Je vous le permets, moi ; dites ce que vous blâmez dans ma conduite.

— Je ne blâme rien ; néanmoins je crois m'apercevoir que vous prenez feu avec une vivacité qui m'effraie. Vous avez voulu venir ici pour considérer plus à votre aise la belle châtelaine de Ternove, et, sur mon âme, au bout d'une minute vous êtes vaincu !

— Non, mon ami, mais elle me semble adorable ! Je n'ai de ma vie rien vu d'aussi charmant !

— Gardez-vous de laisser soupçonner de pareils sentiments, M. le marquis! La belle Marguerite serait implacable dans son dédain, et elle nous ferait jouer un fort sot personnage en nous mettant à la porte. Pardonnez-moi si je vous dis la vérité comme elle est.

— Croyez-vous donc, de Soilles, que cette jeune fille soit réellement un dragon de vertu?

— Je ne suis pas non plus fort crédule de ma nature; mais quant à mademoiselle de Ternove, autant que je puis la connaître, elle me paraît sous beaucoup de rapports une exception.

— Sur mon âme, vous m'échauffez le cœur, de Soilles! dit le gros marquis. N'allez pas croire toutefois que je sois amoureux! Je suis un trop vieux renard pour me laisser prendre aussi vite et comme un niais; mais vraiment l'histoire romanesque de cette jeune personne, sa beauté, ses grâces.... Ma foi, de Soilles, je suis piqué, je suis piqué, vous dis-je. Et, mauvais railleur, poursuivit le marquis en souriant, vous regardez mes cheveux gris avec dédain! Qui sait! j'ai souvent prouvé pour ma part que les vétérans étaient d'excellents soldats.

Un rire poli de Julien accueillit cette dernière saillie. Gérard et sa fille rentraient dans le salon.

Pendant que le marquis et de Soilles s'étaient amusés entre eux, Marguerite, souffrante et se sentant presque mourir de douleur, avait fait la leçon à son père.

—De quelque façon qn'on vous parle, lui avait-elle dit, ne cessez jamais de renoncer à vos projets d'autrefois. Ne manquez pas de vous montrer très-satisfait de ma résolusion.

— Laquelle ?

— Mon prochain mariage avec un notaire.

— Comment! c’est donc très-sérieux? Tu n’aimes pas Octave? Oh! les femmes! les femmes!

— Mon père, il est nécessaire que vous en témoigniez à ces messieurs votre contentement.

— Je veux être pendu si je pense un mot de ce que tu vas me faire dire... Quel dédale!

— Vous le direz?

— Eh bien! oui! Pauvre Octave! Oh! les femmes!

— Ne gémissez pas ainsi, mon père, ce n’est pas le moment. J’ai voulu vous parler en particulier pour que vous ne montriez rien qui ressemble à des regrets.

— Vous exercez sur moi une affreuse tyrannie, ma fille, dit le vieux Gérard avec conviction ; mais vous m’avez tant et si bien répété qu’il s’agit du bonheur d’Octave, de l’honneur de la famille, de votre bonheur à vous même, que je veux bien entrer dans vos idées. Souvenez-vous-en toutefois, je ne prends la responsabilité de rien; si cela tourne mal, il ne faudra pas m’adresser de reproches.

— Comment vous trouvez-vous, mademoiselle? demanda Bartannier en s’approchant de Marguerite avec l’air du plus profond intérêt.

— A merveille, monsieur; mais vous avez quelque chose à dire à mon père?

— Ah! mon Dieu, repartit de Soïlles, c’était au sujet des mauvaises affaires d’Octave. M. le marquis et moi nous venions vous supplier de ne pas vous en mêler. Maintenant que le commandant n'a plus que des relations de parenté avec vous, vous ne devez pas engager votre fortune pour acquitter des dettes qui lui sont personnelles : cela ne serait pas juste.

Marguerite regarda son père, qui, n'ayant pas de thème préparé sur un sujet aussi important, hésita une seconde, craignant de lâcher quelque sottise ; mais se voyant contraint de parler, il suivit le mouvement de son cœur.

— Messieurs, dit le vieux Gérard, je n'ai pas la prétention de passer pour immensément riche ; cependant, en tant que gentilhomme campagnard, ma fortune est honorable. Je me trouverais donc fort coupable, il me semble que ce ne serait pas très-bien... je crois que ma fille pense comme moi, que je ne puis laisser mon neveu dans l'embarras.

— Vous avez raison, mon père, reprit Marguerite pour l'encourager.

— Dès lors, messieurs, continua Gérard d'une voix solennelle, tout en vous offrant les expressions de ma reconnaissance pour votre démarche, je vous renouvelle mes offres quant à l'hypothèque à mettre sur mes biens. Mon neveu est mon neveu, corps diable !

— Je crains, M. de Ternove, dit Bartannier, que votre générosité ne vous égare ; mais puisque absolument vous voulez répondre pour Octave, n'en parlons plus. Permettez-moi seulement de vous affirmer qu'au milieu des chagrins dont nous sommes tous abreuvés, je suis heureux du moins de vous avoir pu connaître !

— M. le marquis, répondit Gérard en s'inclinant, vous me comblez !

Le marquis saisit avec un empressement qui n'était pas joué la main du gentilhomme.

— M. de Ternove, s'écria-t-il, lorsqu'on a vu quelqu'un se conduire avec la noblesse d'âme... !

— Oh ! monsieur !

— Oui ! monsieur, avec la noblesse d'âme et la hauteur de principes... !

— Oh ! M. le marquis !

'— Oui ! monsieur, de principes ! la magnanimité, je puis le dire sans emphase, et le désintéressement sans exemple... !

— Monsieur !

— Oui, monsieur, ce désintéressement est sans exemple de nos jours. Quand on a vu, dis-je...

—M. le marquis, vous me rendez tellement confus que...

— M. de Ternove, je suis rempli pour vous d'une estime si complète...

— Agréez-en tous mes remercîments.

— Et je vous demande la permission de rester votre ami, ainsi que le serviteur de mademoiselle.

— Eh bien ! répliqua Gérard enthousiasmé à son tour, j'ai vu peu d'hommes dont la figure exprimât autant de loyauté et d'honneur. Je l'avouerai, puisque vous m'autorisez par vos obligeantes paroles à vous exprimer ma pensée tout entière, dès les premiers moments vous m'avez inspiré une confiance toute particulière ; je me suis dit : Voià un gentilhomme qui... ma foi... M. de Bartannier, je crois que nous nous convenons parfaitement !

— J'en suis sûr, et puisque nous en sommes dans de tels termes, je viendrai, sans dire gare, vous rendre visite souvent et jouir du plaisir de votre entretien.

— Ne trouvez-vous pas, mademoiselle, dit de Soilles à Marguerite, que ces deux messieurs ont l'air d'avoir dix-huit ans? Il est rare de voir des cœurs aussi chaleureux.

— Enfin, reprit Bartannier en serrant toujours la main de Gérard, comptez sur moi. Pour le moment, mademoiselle semble encore si souffrante que je ne puis abuser de vos bontés en demeurant; mais je reviendrai bientôt. Adieu, mademoiselle; soignez-vous, je vous en conjure, pour votre bon père, et, j'ose ajouter, pour vos amis et les siens.

Après le départ des deux confédérés, Gérard revint à sa fille en se frottant les mains :

— Ma foi! dit-il, nous avons découvert là un loyal et digne homme !

— Il me semble très-expansif et peu spirituel, répondit Marguerite d'un air indifférent. Mon père, je me trouve si fatiguée que je vais me retirer chez moi.

— Es-tu malade?

— Non, je suis fatiguée.

— Alors bien, repose-toi, ma fille. Je ne suis pas non plus fâché de me coucher de bonne heure. Rien ne lasse comme de piétiner dans ces rues bruyantes, au milieu des voitures et sur des pavés gras. J'ai bien grande hâte d'être de retour à Ter-nove.

Après quelques propos de cette espèce, Gérard se décida enfin à s'en aller; il donna à sa fille un baiser sur le front, et, bien que sept heures du soir eussent à peine sonné, sans remords il s'enfonça dans ses draps, où il dormit bientôt d'un sommeil irréprochable.

Il n'est pas besoin de parler de Marguerite. Ne sait-on pas dans quel triste état ses courageuses résolutions ont mis son cœur? Pour nous, c'est trop de chagrin que de la suivre dans sa chambre et d'y rester avec elle. Laissons-la donc s'enfermer dans ce retrait plus lugubre mille fois que dans le tombeau, car dans le tombeau on est seul, très-inanimé, et là elle était vivante et livrée à l'essaim turbulent et cruel de ses pensées.

Suivons plutôt Bartannier et de Soilles s'acheminant vers le boulevard des Italiens de ce pas allègre et sautillant familier aux gens enchantés d'eux-mêmes. Bartannier surtout, avec son ventre déjà fort rond, son teint fleuri, ses cheveux blanchissants, coquettement arrangés par un coiffeur habile, est si content, si heureux, qu'il ne touche pas la terre. De Soilles serait fort calme s'il ne sentait l'utilité de partager la joie du marquis.

— De Soilles, s'écria Bartannier, elle est ravissante, et je la crois spirituelle comme les anges!

— Voilà bien l'amour, répondit Julien en riant; elle n'a point parlé!

— N'importe! ce qu'elle a dit était délicieux, et, vous pouvez m'en croire, je m'y connais. Peu d'hommes ont autant que moi pratiqué la société des femmes.

— Dans tous les cas, vous avez été fort diplomatique, et votre colloque avec le vieux Gérard est une de ces ruses d'amoureux comme nous en applaudissons tous les jours dans les livres. Vous avez été sublime !

— Allons donc !

— Sublime ! je le répète et n'en démords pas.

— Flatteur !

— Je n'aime pas d'ordinaire à me répéter ; mais si vous me poussez, marquis...

— Eh bien ! ma parole d'honneur, oui, j'ai été sublime ! Quoique ma modestie en souffre, il faut trancher le mot ; il n'y en a pas d'autre dans la langue française pour exprimer ce que j'ai été !

— Vous voilà impatronisé dans la maison !

— Au mieux avec le père !

— Qui vous regarde comme son meilleur ami !

— Les maris, les pères, et bien souvent les frères, sont, il faut le répéter quoiqu'on l'ait dit cent fois, bien étranges ! Mais je parie que vous n'avez pas compris le plus beau de mon exploit ? Bah ! vous êtes trop jeune !

— Hé ! hé ! trop jeune, reprit Julien. Voulez-vous parler de vos airs indifférents ?

— Précisément ! Remarquez bien que non-seulement le père est fasciné, mais la fille elle-même n'a pas éprouvé un moment de crainte.

— Enfin, les préliminaires sont admirables ; il faut voir la suite.

— Oui, je vais vous offrir un bel exemple à méditer ; mais, puisque je vous sers de professeur, sachez que la première condition du succès est de ne jamais devenir ni paraître trop épris.

— Vous suivez mal, ce me semble, un si utile

précepte, dit de Soilles, car vos yeux brillent comme des escarboucles.

— Nous allons y remédier, répondit le marquis en clignant de l'œil. Un tour à Tortoni me distraira, et vers onze heures ou minuit j'ai une petite intrigue qui va m'occuper. Demain, quand j'aborderai la divine Marguerite, j'espère être froid comme glace.

—Heureux entre les heureux ! s'écria de Soilles.

— Vous ne venez pas à Tortoni ? interrompit le marquis en voyant que le jeune homme faisait mine de le quitter.

Il avait le cœur gonflé et voulait jaser. Il avait besoin d'un confident et redoutait un peu la solitude.

— Je suis désolé de ne pas vous tenir compagnie, puisque vous êtes assez bon pour le désirer, repartit Julien, mais j'ai un rendez-vous chez le ministre de la maison du roi pour une affaire assez entortillée.

— Vous me raconterez cela, dit le marquis d'un air amical, je vous servirai peut-être à quelque chose.

— Vous pouvez beaucoup, répondit Julien.

— Je ferai tout ce qu'il faudra ; adieu, de Soilles.

Il serra la main du jeune homme, qui le quitta. Le marquis continua sa route en balançant sa canne toujours du même air vainqueur.

— C'est décidément un bon petit garçon que cet enfant-là, se disait-il; un peu intrigant peut-être, et hypocrite : mais quels sont les gens qui ne sont ni hypocrites ni intrigants ! Il faut bien que tout le monde vive , et moi-même je ne suis pas un saint... diable , non , je ne suis pas un saint !

Il se replongea avec délices dans l'admiration de sa stratégie. Bercé par mille pensées bizarres, il arriva à Tortoni; il ne trouva ce soir-là personne qui pût l'amuser. Vers onze heures, ennuyé et devenu morose, il alla se promener seul sur les boulevards, et peu à peu se prit à songer à Marguerite d'une façon toute sérieuse et bien inusitée pour ce galant admirateur des danseuses de l'opéra.

Il fit d'abord (route singulière que prend l'esprit !) toutes sortes de critiques plus ou moins judicieuses sur la beauté de la jeune fille. Mais il finit par convenir que cette beauté était parfaite, et que ce qui lui manquait en agacerie lui était rendu avec usure en décence et en grâce sévère.

— Par exemple , se dit-il tout à coup , elle est beaucoup mieux que ma fille.

Cette comparaison lui vint tout naturellement à l'esprit, mais sans qu'il comprît pour quelle raison. M. Bartannier n'était pas un philosophe , et analysait peu ses sentiments. Cependant de ce qu'il l'avait faite , il en résulta qu'il pensa à l'élégance de manières, à la distinction charmante, au ton exquis de mademoiselle de Ternove.

Il vint ensuite à songer à la position dans le monde d'une personne qu'il trouvait si belle, si spirituelle, de si bon goût, si sensée et si forte. Il savait de point en point l'histoire et ses relations avec Octave. Il les savait par Marcel dans les plus amples détails, par de Soilles, puis par Gérard luimême , et toutes les versions ne lui avaient pu rien apprendre qui ne fût favorable au caractère de Marguerite.

— C'est un bon cœur, se dit-il.

Il y pensait profondément. De moment en moment il s'enfonçait davantage dans sa contemplation.

— Ma foi, se dit-il encore, cette petite personne m'intéresse vraiment beaucoup.

Au bout de quelque temps, il ne s'aperçut pas lui-même qu'il ne s'ennuyait plus ; il avait oublié son isolement et fut tout surpris, lorsque après une rêverie silencieuse il regarda à sa montre et vit qu'il était minuit passé.

— Diable! diable ! ma belle doit être d'une humeur de dogue ! Je ne risque rien de me dépêcher! Ma distraction va me coûter cher !

Il hâta le pas et se rendit au logis de la dame.

Le portier lui dit qu'elle n'était pas rentrée.

— Encore plus inexacte que moi ! pensa-t-il. Il faut que les hommes soient bien sots pour s'occuper de pareilles créatures! Elles se ressemblent toutes : qui connaît l'une connaît l'autre, qui a été trompé par l'une sait d'avance la manière dont l'autre le trompera. Je n'ai, ma foi, pas grande envie de monter! Je me suis promené toute la soirée seul comme un ours... J'ai, je crois, mal à la tête... c'est ma migraine. Pour me faire rire ce soir, il faudrait bien de l'esprit!... Décidément je rentre chez moi, et demain matin j'irai voir Claire à son couvent. Il y a au moins trois mois que je ne me suis donné ce plaisir paternel et essentiellement moral.

Tout en parlant ainsi, le marquis de Bartannier

revint à son hôtel. Il était sur la grande route d'une de ces passions de vieillard peu intéressantes pour la galerie, mais terribles pour l'amant quand elle est malheureuse, ou pour la femme aimée, quand celle-ci, à un titre quelconque, est forcée de la couronner.

Pendant ce temps, Marguerite, qui ne se doutait pas de l'impression qu'elle avait faite sur le marquis de Bartannier, continuait à s'encourager dans son sacrifice. Elle combattait les mouvements insensés de son cœur, cette divine faiblesse qui seule rend digne d'amour. Elle se jurait pour la centième fois qu'elle mourrait peut-être, mais qu'Octave serait riche et heureux ; et, déjà blessée de mille douleurs, elle était résolue à en affronter encore de plus poignantes.

Le lendemain de cette journée, si féconde en émotions diverses, à une heure inusitée, à sept heures du matin, le valet de chambre du marquis soulevait ses rideaux et venait lui dire que madame la baronne de Marvejols le faisait prier de passer chez elle à l'instant même.

— Que le diable emporte la vieille caricature ! hurla le marquis en se détirant les bras et en bâillant comme un four. Me réveiller de si bonne heure, quand je n'ai pu fermer l'œil de toute la nuit ! je crois que je suis ensorcelé.

Le marquis passa encore un assez long temps à se tourner et à se retourner dans son lit, maudissant la baronne. Sa nuit avait été détestable, et il s'abandonnait à cette songerie creuse familière aux gens qui restent volontiers couchés le matin.

— Il est bien extraordinaire, se disait-il, que

j'aie rêvassé ainsi. Cette petite campagnarde me tient à cœur ! Ce serait une sottise, car si j'allais ne pas réussir auprès d'elle, je me donnerais un embarras dont je me passerai à merveille. A quoi n'ai-je pas été rêver ! Jean, viens me faire la barbe et m'habiller. Quel temps fait-il ?

— Monsieur, il pleut à verse.

— Et quelle heure est-il ?

— M. le marquis, il est sept heures un quart.

— Sept heures un quart ! Et la baronne m'envoie chercher à sept heures un quart ? Ah çà ! mais elle est folle, cette bonne dame ! N'as-tu pas toujours pensé que la baronne de Marvejols avait la cervelle tournée ? Voyons, Jean, dis ? toi qui es un garçon d'esprit... Donne-moi mes bas !

Toute la conversation entamée avec le valet de chambre n'avait d'autre but que de lanterner. Enfin le marquis prit un parti vigoureux, sauta à bas de son lit en jetant vivement les couvertures de côté, et s'écria :

— Il faut en finir, levons-nous !

Il s'habilla avec lenteur. A l'âge où il était parvenu, on n'est plus généralement très-vif, et l'on est souvent très-prétentieux. De plus, il était distrait et préoccupé. Ainsi donc le marquis, sans se soucier des graves motifs qui avaient dû porter la baronne à envoyer chez lui à une heure si matinale, passa-t-il beaucoup de temps, le temps de rigueur, à sa laborieuse toilette ; puis il fit avancer sa voiture, se jeta dedans avec une plus grande disposition à la brusquerie que de coutume, et cria au cocher :

— A l'hôtel de Marvejols !

Très-peu d'instants après il arrivait chez ses vénérables amis, qui l'attendaient impatiemment.

CHAPITRE XX.

La baronne était en bonnet de nuit. Si l'art n'était pas fait pour elle, le négligé l'était encore bien moins. Cette réflexion impertinente traversa l'imagination du marquis, très-sensible, trop sensible aux charmes et aux défauts féminins. Le baron, en robe de chambre à ramages, faisait pendant à sa femme.

— Mille pardons de vous avoir fait déranger à une pareille heure, dit M. de Marvejols.

— Ah ! marquis ! s'écria la baronne en versant un torrent de larmes, vous ne devinez pas ce qui nous arrive ?

— Je ne devine rien ! mais il s'agit sans doute de quelque nouvelle escapade de cet écervelé d'Octave ?

— Ah! marquis! il me fera mourir! dit la vieille dame en redoublant ses pleurs.

— Il-la-fera-mourir! répéta le baron en insistant d'un air convaincu, et moi aussi il me mettra dans le tombeau. J'ai rattaché toutes mes affections à ce jeune homme, j'ai vu en lui mon héritier, je l'aime de toute mon âme, car il est plein de mérites de toutes sortes, mais il se conduit en ce moment d'une façon bien extraordinaire!

— C'est tout simple! dit Bartannier d'un air leste :

Amour, amour, quand tu nous tiens,
On peut bien dire adieu prudence!

Enfin qu'a-t-il fait encore?

— Racontez cela au marquis, M. le baron.

— Hier soir, vers dix heures, au moment où nous allions nous retirer, ce monsieur qu'Octave a ramené de Ternove m'a fait demander un entretien. J'y ai consenti, après avoir hésité toutefois, car sa figure ne me revient pas : je lui trouve l'air bonapartiste et jacobin. Bref, je le fis prier d'entrer dans mon cabinet. Il y vint et me remit une lettre d'Octave...

— Ah, mon Dieu! le pauvre enfant! s'écria la baronne avec un redoublement de sanglots.

Bartannier, qui n'était pas très-sensible, s'impatienta.

— Ma chère baronne, si vous ne modérez pas votre douleur, il est impossible que M. de Marvejols et moi nous conservions nos nerfs dans un état de tranquillité convenable. Calmez-vous, je vous en conjure, ou bien permettez-moi de passer dans une autre pièce.

Cette menace effraya la baronne, qui mit un mouchoir sur ses yeux et ne pleura plus que tout bas.

— Eh bien ! reprit Bartannier, le grand monsieur vous remit une lettre ; qu'est-ce qu'elle disait cette lettre ?

— Elle était fort respectueuse, fort pleine d'affection, reprit M. de Marvejols, mais le pauvre Octave m'y déclarait qu'ayant le malheur de nourrir malgré moi un attachement invincible, il croyait de son devoir et de son honneur de me remercier de toutes mes bontés et de renoncer à ce que je pouvais pour lui. Quand j'eus lu cette lettre , je m'écriai involontairement : Grand Dieu ! M. Octave m'aurait-il abandonné ? Le messager, qui est certainement un bonapartiste, me répondit pourtant d'une manière assez convenable que M. de Ternove avait déjà quitté mon hôtel pour n'y plus revenir, et que son appartement était tout à fait à ma disposition. J'avoue que je trouvai le procédé d'une violence extraordinaire.

— D'autant plus fou, fit remarquer Bartannier, qu'en vous cajolant un peu , mons Octave, à en juger d'après votre faiblesse ordinaire , aurait fini par tout obtenir.

— Quant à cela, marquis, vous vous trompez, interrompit le baron d'une petite voix douce, mais très-péremptoire. J'aime Octave avec sincérité ; je serais au désespoir de le perdre, mais j'aimerais mieux le savoir mort que marié à la petite-fille d'un meunier jacobin qui a plus ou moins trempé dans l'assassinat de ses malheureux parents. Sur ce chapitre, mon cher ami, il n'est pas nécessaire de me faire de la morale, je suis et je serai toujours sans pitié. Malgré mon affection si tendre, la conduite d'Octave, sous ce rapport, me semble indiquer une grande dépravation de cœur. Ainsi ne parlons pas d'indulgence.

— Bref, reprit Bartannier, Octave est donc sorti de l'hôtel comme on fait d'un logement garni ?

— Absolument, dit le baron, il l'a fait.

— Il est parti, alors ?

— Parti, et je ne l'ai plus revu ! Très-étonné de ce que le grand monsieur me racontait, je lui exprimai, bien qu'en termes modérés, une partie des sentiments éveillés en moi par la circonstance. Je lui dis, entre autre choses, que je ne pouvais croire Octave capable de se perdre ainsi, et que, suivant moi, après quelques jours de réflexion, il finirait par comprendre ses devoirs, sinon envers notre amitié et notre dévouement pour lui, du moins envers lui-même, son nom et ses principes politiques, que je sais excellents. Le grand monsieur me répondait peu de chose.

— Il y avait peu de chose à répondre en effet, interrompit le marquis ; peut-être n'était-il pas aussi rassuré que vous, et pensait-il qu'il fallait plus de quelques jours de réflexion pour convertir notre extravagant.

— Je lui donnai, poursuivit le baron, des raisons très-fortes et très-convaincantes, et entre au-tres je lui dis : « Puisque Octave veut absolument se marier, qu'il épouse mademoiselle de Bartannier, préférable par tant de raisons à mademoiselle de Ternove ; car enfin, une femme ou une autre, tant que l'église n'en a pas fait votre compagne, c'est tout un ! »

— Voilà qui était puissamment raisonner, dit Bartannier gravement ; je suis bien surpris que votre interlocuteur ne se soit pas rendu à un avis si lumineux. Il n'a pu manquer d'en être frappé ?

— Il a souri, répondit naïvement le baron, et puis il m'a salué et est sorti.

— De sorte que je vous vois, ainsi que madame la baronne, tout à fait séparé d'Octave ?

— Ce qui me fait le plus de peine, s'écria la baronne, c'est que le pauvre enfant, maintenant qu'il est seul, va s'abandonner à bien desinconséquences, et peut-être en venir à épouser cette intrigante !

— Je ne puis le croire, non ! dit le baron ; non ! ce serait une énormité dans un homme bien né !

— Enfin, le sort en est jeté, la guerre est déclarée !

Ici Bartannier se mit à fredonner un air d'opéra-comique :

> Une croisade est déclarée ! (*Bis.*)
> Monseigneur, vous allez cueillir
> Des palmes immortelles
> Et combattre les infidèles !

J'espère, ajouta-t-il, que vous allez pousser les hostilités avec vigueur. Il faut absolument sauver Octave malgré lui !

— Voilà précisément pourquoi nous vous avons envoyé chercher de si bonne heure ; nous ne savons franchement comment nous y prendre, madame la baronne et moi.

— En réfléchissant un peu, nous pourrons en venir à bout. Voyons...

— Avant de nous mettre à réfléchir, interrompit le baron, je désire que vous répondiez à une question.

— De quoi s'agit-il ?

— Avez-vous retiré votre bienveillance à Octave ? Oh ! mon cher marquis, je vous en conjure, ne prenez pas toutes ses folies trop au sérieux.

— Octave est un enfant ; il agit avec une légèreté dont je me suis justement offensé. Comment donc ? Mais pour nommer les choses par leur nom, il nous a envoyés promener moi et ma fille.

— Oh ! vous exagérez.

— Je n'exagère rien. Mais, du reste, soyez tranquille, baron, si je désire ce mariage, c'est surtout à cause de vous. Mons Octave aurait toute la fortune qu'il n'a pas, et ne serait pas sur le point de devenir votre fils adoptif, que je n'en voudrais maintenant à aucun prix. Mais vous êtes là, et si nous réussissons à mater votre jeune homme, vous l'enverrez me faire des excuses, et je vous promets de lui pardonner après une courte semonce.

— Que de bonté ! s'écria le vieux Marvejols. On ne trouve une si prodigieuse délicatesse que dans les gentilshommes de la vieille roche ! A présent, dites-moi ce qu'il convient de faire.

— Franchement, répondit le marquis, vous me prenez au pas de course ; laissez-moi y rêver quelques minutes.

Le marquis se leva et se promena de long en

large dans l'appartement, de l'air d'un homme qui médite. La méditation n'était pas chose inconnue à M. de Bartannier, en tant qu'elle s'applique aux intérêts positifs de la vie; aussi eût-il peut-être imaginé l'expédient qu'on lui demandait s'il l'avait cherché tout autre jour. Cette fois, il fut lui-même bien étonné; car il se trouva tout distrait. Il fit une douzaine de tours, mais très inutilement.

— Eh bien? dit le baron.

— Que nous conseillez-vous, mon cher marquis? demanda la baronne.

— Ma foi, je suis confondu, dit M. de Bartannier en se frappant le front; je n'ai jamais eu moins d'esprit qu'aujourd'hui.

— C'est extraordinaire! reprit le baron.

— Il est bon de vous dire que j'ai passé une nuit affreuse. J'ai eu des espèces de rêves agités, des insomnies; bref, je n'ai qu'à peine fermé l'œil. Pour le moment, voici toutefois l'avis que je vais vous donner. Savez-vous où est Octave?

— Non.

— Son grand monsieur n'a pas voulu vous faire cette confidence?

— Il l'a refusée obstinément, tout en se disant désolé d'obéir à Octave. Il m'a affirmé cependant que son ami m'écrirait sous peu de jours pour me faire part de ses résolutions ultérieures.

— Dès lors j'ai deux avis à vous donner : le premier, c'est d'écrire un mot à la police afin de faire rechercher et découvrir la retraite du fugitif; le second, celui que je trouvais tout à l'heure, c'est de parlementer avec lui, de manière à le faire causer, et de prévenir toutes ses mesures en les rendant inexécutables. Cette façon de temporiser, en l'empêchant de commettre des sottises irrémédiables, aura encore l'avantage de nous donner du temps pour nous reconnaître.

— A merveille, répliqua le baron; mais Octave a déjà pris les devants sur nous, il a donné sa démission de chef d'escadron et d'officier d'ordonnance!

— Quoi! s'écria Bartannier, il a fait un coup pareil, et vous me parlez de choses et d'autres avant de me le raconter! Mais, mon cher baron, vous n'êtes pas de ce monde! Faites-moi tout de suite le plaisir de monter en voiture et de courir chez le ministre, chez vos amis, chez les miens, pour empêcher la démission d'être acceptée. Ma parole d'honneur, je ne vous conçois pas! ajouta le bouillant marquis en se croisant les bras sur la poitrine.

— Ne vous fâchez pas! ne vous fâchez pas! dit M. de Marvejols avec un petit geste pacificateur exécuté des deux mains; je vais m'habiller à l'instant. Je serai parti dans une heure au plus. Le marquis a raison, ma chère amie! Dieu nous a donné en lui un homme de bon conseil, je vous l'assure. Mais, marquis, ne viendrez-vous pas avec moi?

M. de Bartannier rougit légèrement, ce qui ne lui était pas habituel ; aussi ce trouble subit et très-promptement surmonté ne l'étonna-t-il pas moins que toutes les émotions dont il était assailli depuis la veille.

Il répondit au baron de la voix tranchante qui lui était habituelle :

— Je fais mieux que cela ! je vais aider le ministre de la police et peut-être bien mettre la main sur notre Octave dès le premier coup.

— Vous êtes un homme admirable ! Comment vous y prendrez-vous donc ?

— D'une manière bien simple. Je cours chez M. Gérard de Ternove ; je suis sûr qu'on y a ou qu'on aura bientôt des nouvelles de notre énergumène.

— Quoi ! dit madame de Marvejols avec une expression de profond dégoût, vous ne craignez pas, marquis, de vous commettre avec de pareilles gens ?

La rougeur monta de nouveau au front de Bartannier, mais cette fois par colère. Il leva les épaules et dit à la baronne :

— A qui en avez-vous ? Pourquoi traitez-vous si lestement M. de Ternove ? En admettant même, ce qui n'est pas vrai, qu'il persiste à faire épouser sa fille à Octave, ce n'est encore qu'un pauvre homme occupé à bien mener sa barque, chose fort permise.

— Bah ! s'écria le baron avec humeur, un gentilhomme qui a pu épouser une paysanne ne me laisse pas une grande opinion de sa moralité !

— Préjugés gothiques ! murmura le marquis ; je ne vois pas du tout que cette famille mérite tant de réprobation, et je me tiens fort honoré qu'ils veuillent bien me recevoir. Fort honoré, j'insiste sur le mot ! Et je vais de ce pas, c'est-à-dire quand l'heure convenable sera arrivée, savoir des nouvelles, oui, des nouvelles du père et de la fille, et m'enquérir de ce qui concerne Octave.

Le baron ne tenait jamais tête à aucune discussion, il n'aimait pas les controverses ; parler haut, crier, cadrait mal avec la douceur de ses manières ; mais, non plus, il ne cédait jamais une ligne de son terrain, et malgré l'air convaincu avec lequel le marquis, dans le jugement duquel il avait tant de confiance, défendait la famille de Ternove, il continua à sourire d'un air incrédule et resta bien persuadé que son ami allait passer la matinée à s'encanailler.

Après un moment de silence destiné par lui à faire comprendre sa désapprobation à Bartannier, fort indifférent à ce sujet, il annonça son intention d'aller s'habiller.

Bartannier aussitôt s'éloigna. Il suivait la pente naturelle de ses désirs en se faisant conduire chez Gérard. Par un hasard heureux, il rencontra l'ancien capitaine et sa fille au moment où tous deux sortaient pour se rendre chez un notaire. Gérard allait prendre les arrangements nécessités par la grosse hypothèque dont il voulait charger son bien. Le marquis offrit à ses nouveaux amis une place dans sa voiture, et le bonheur de se trouver dans un si somptueux équipage redoubla chez Gérard l'admiration et la sympathie que Bartannier avait déjà eu l'art de lui inspirer.

Marguerite s'anima en parlant des affaires de son cousin ; elle fit preuve de sagesse, de jugement, de raison, et en outre d'une délicatesse extrême. Le marquis l'écouta avec une attention qui à chaque moment s'accrut. La jeune fille, ne voyant en lui qu'un vieillard auquel elle croyait naïvement une grande sympathie pour son père, et qui d'ailleurs eut assez de tact pour ne parler d'Octave qu'avec l'apparence d'une vive affection, se laissa aller à quelque confiance. Bartannier fut ébloui. Cette âme retorte sentit, à cinquante-cinq ans passés, toute la puissance de l'amour. Le vieux galant fut pris d'émotion sincère; enfin, tant que dura la promenade, que Bartannier eut l'art d'allonger le plus possible, la bonne intelligence persista et, bien mieux, s'accrut.

— C'est un bon homme! pensait Marguerite; il aime Octave.

— Comme il fallait se quitter à la fin, Gérard déplora un tel malheur, et si bien, que sa fille ne vit nul inconvénient à lui accorder la faveur qu'il sollicita tout bas d'inviter Bartannier à dîner pour le jour même.

Le marquis accepta avec de vrais transports de joie.

En quittant Marguerite et son père, Octave, à force de souffrir, était retombé dans une quasi-insensibilité. Il se trouvait pourtant la puissance de résister au destin qui lui était fait; cette force, il ne l'empruntait pas à sa volonté, mais son être tout entier conspirait à repousser la conjuration formée contre lui. Il avait cette inertie qui vient à bout de tant d'obstacles, puis la résolution bien arrêtée de pousser les choses à l'extrême et de se réduire lui-même à une telle position de ruine et d'abandon que Marguerite finirait bien, ne fût-ce que par générosité, par prendre d'autres sentiments.

Octave était sûr enfin que la dureté de sa cousine était affectée et sa rigueur plus feinte que véritable. Tout l'excès même du détachement de la jeune fille lui attestait la fausseté de son changement. Elle avait été trop loin, elle s'était montrée trop sévère, trop de hauteur avait succédé dans ses façons à sa bonté naturelle. Octave savait bien que, même envers les indifférents, elle n'était point froide comme elle avait voulu le paraître avec lui, et il ne se pouvait pas que du jour au lendemain il fût devenu pour elle un objet d'horreur. Il jugeait maintenant toutes choses avec tant de sagacité, parce qu'il était arrivé au dernier période de la souffrance jalouse et colère, à ce *nec plus ultrà* que, un peu plus près, un peu plus loin, finit toujours par rencontrer la passion. Son parti était pris, il n'avait plus qu'à imiter ces conquérants obstinés qui, pour ne pas manquer une proie, brûlent les vaisseaux qui les ont amenés et renoncent à la retraite. Il était donc rentré à l'hôtel de Marvejols et avait fait part à Marcel de sa résolution.

— Il faut, mon ami, lui avait-il dit, qu'avant une heure nous ayons quitté ce lieu-ci, et je m'en vais avec la ferme volonté de n'y plus revenir. J'ai un fiacre en bas, nous allons y transporter tes effets et les miens, et chercher un gîte ailleurs.

Il avait mis Marcel au fait de ses résolutions.

— Je commence, avait répondu celui-ci à trouver de quoi admirer dans ta conduite. Réellement tu montres une volonté. Ta passion ressemble à une vraie passion, et si plus tard tu ne réussis pas, tu pourras te dire, en conscience, que tu n'as rien ménagé. Si encore, après avoir réussi, tu te repens, eh bien! mon cher, tu te consoleras par le juste orgueil d'avoir fait des sottises hardiment et convenablement.

Une fois installés dans leur fiacre avec leur bagage, Marcel et Octave s'étaient demandé où il était à propos de se rendre.

— Pourvu que nous allions quelque part, dit Marcel. Mais, voyons, permets : as-tu beaucoup d'argent?

— Encore douze ou quinze cents francs, répondit Octave ; et toi?

Marcel mit la main dans son gousset et en tira six francs.

— Mets cela dans la bourse commune, c'est ma quote-part jusqu'au premier du mois, dont nous sommes encore séparés, si je compte bien, par une vingtaine de jours. Dans le grand naufrage que tu prépares, je me vois, moi aussi, échouant sur la grève et restant indéfiniment à la demi-solde. Enfin, soit! Je dépose mon grade perdu sur l'autel de ton amour !

— Il sera question de cela plus tard, dit Octave. Où allons-nous?

— Il faut un appartement très-bon marché, extrêmement bon marché.

—J'y songe, repartit Ternove; j'ai notre affaire! Cocher, mène-nous au grand hôtel d'Austrasie, rue de la Harpe.

— Peste! dit Marcel, quel changement! passer du faubourg Saint-Honoré au faubourg Saint-Jacques ! Encore un sacrifice à l'affection ! Ce ne sera pas la dernière offrande !

Quand le sous-lieutenant contempla le grand hôtel d'Austrasie, cet horrible bouge d'où nous avons vu partir Octave pour la retraite de Gand, il fut plus certain que jamais que les passions tendres menaient loin. Le logement, il le trouva hideux ; mais il en prit son parti ; il était habitué à tout et beaucoup trop philosophe pour se tourmenter d'un logis plus ou moins confortable. Octave, l'auteur de la misère présente, n'y songeait même pas. Et pourtant sa vie avait été si différente ! il s'était si bien habitué aux raffinements du luxe et de l'élégance ! Lui qui avait été cité un moment pour le bon goût de ses toilettes, pour ses chevaux, maintenant relégué dans un hôtel garni de septième ordre, il n'avait pour lui et son ami qu'une seule chambre !

— Combien de temps, lui dit Marcel, crois-tu que durera le blocus ? car, si nous n'avons en perspective que deux ou trois mois de misère, je serais d'avis de ne pas exagérer les choses ; nous sommes assez riches pour prendre deux chambres.

— Tu es un pauvre politique, répondit Octave ; puisque je suis ruiné complètement, il faut que j'en aie l'air, et que je passe pour encore plus misérable dans ce moment-ci que je ne le suis réellement ; dès lors Marvejols et tout le monde sauront ce qu'ils ont fait. Dans ce but, tu vas porter toi-même ma lettre d'adieux au baron ; il te demandera où je loge, tu refuseras de le lui dire.

— Si je refuse de le lui dire, notre triste position ne produira guère d'effet sur lui, puisqu'il ne la saura pas.

— Au contraire, en lui en faisant confidence, tu le porterais à se tenir tranquille chez lui, et il croirait que tu exagères. Mais toi n'avouant rien, il n'aura pas de cesse qu'il n'ait découvert mon refuge, et comme alors il verra les choses par lui-même, il en sera bien plus frappé.

— Vraie comédie !

— Vraie tragédie, mon enfant ! Oublies-tu que dans peu de temps, si Marguerite continue à me repousser, cette misère affectée ne sera que trop véritable ? Il faut au moins que le baron ait du remords de m'avoir réduit à l'extrémité. Peut-être encore...

— Quoi ! tu espères le toucher ?

— Fort peu, j'en conviens, je le connais trop ; mais je suis de la race de ceux qui, bouillants ou tièdes, ou froids, malades ou bien portants, réduits à la dernière ressource, à demi morts si tu veux, ne perdent jamais l'espérance.

Octave avait écrit alors sa lettre au baron de Marvejols, et Marcel l'avait portée. Nous savons quel en fut l'effet.

De son côté, le baron, après le départ de M. de Bartannier, avait fait sa toilette, et après quelques paroles de consolation et d'espérance et de tendres adieux à madame de Marvejols (car ces deux époux, modèles de tendresse, ne se quittaient jamais volontiers, même pour quelques heures), le vieux émigré monta en voiture et se rendit au ministère de la guerre.

Il avait assez de crédit pour voir tomber à ses

pieds les barrières qui séparent les simples mortels des demi-dieux bureaucratiques ; il s'introduisit discrètement dans le sanctuaire où les chefs de division rendent leurs oracles, et s'informa de cette pétition adressée si étourdiment par Octave pour obtenir la faveur d'être mis à la porte. A sa grande surprise, il apprit que la démission avait été reçue et acceptée aussitôt par le ministre. Ce fut un véritable désespoir.

— Comment ! s'écria-t-il, une pièce remise ce matin même ! D'où vient cette précipitation sans exemple ?

— Il est vrai, répondit le chef de division avec un air de supériorité, que nous suspendons généralement plus longtemps les décisions administratives ; mais le cas était spécial, les circonstances commandaient beaucoup de vigueur... Enfin la démission de M. le chef d'escadron de Ternove a été acceptée ; c'est un fait désormais accompli.

— Mais, monsieur, dit le baron, j'ai peine à comprendre une telle hâte qui prive S. M. d'un bon serviteur.

— Je crois, monsieur, dit le sphinx avec ce sourire, propriété particulière des bureaucrates et des gendarmes, que vous ne connaissez pas bien les antécédents de M. de Ternove. Vous m'inspirez trop de respect pour que je n'enfreigne pas la règle ; je vais les placer sous vos yeux.

A un coup de sonnette, un garçon de bureau, interpellé de l'air dont un satrape persan peut s'adresser à un de ses eunuques, apporta un volumineux dossier ; le baron fut prié de parcourir les états de service du pauvre Octave : ce n'étaient que récris contre son insubordination, accusations sournoises, qualifications d'homme dangereux. Voilà pour la période impériale. Quant à la période royale, il n'y avait que deux notes; elles en valaient un million : l'une le signalait comme ayant des relations trop fréquentes avec des bonapartistes connus, des officiers en demi-solde, par exemple; l'autre comme n'étant jamais aperçu dans les églises.

Quand M. de Marvejols eut examiné ces témoignages accablants, le chef de division rendit le dossier au garçon de bureau, et se levant :

— Vous voyez, M. le baron, qu'avec la meilleure volonté de vous être agréable, il m'est complétement impossible de répondre à vos désirs. Le ministre a d'ailleurs disposé de l'emploi de M. de Ternove auprès du prince en faveur du neveu du général B...

— Que m'apprenez-vous là? s'écria le pauvre baron; le général est un bonapartiste notoire !

— Nous espérons le rattacher, répondit l'homme de plume.

M. de Marvejols prit congé et se retira, trop certain de ne rien obtenir s'il ne faisait remonter jusqu'aux princes ses supplications. De ce côté seulement il pouvait espérer encore.

Il allait donc courir aux Tuileries. Tout à coup, il s'arrêta, saisi d'une réflexion subite. Puisque le mal était fait, ne risquait-il pas de se compromettre inutilement s'il insistait sur ce qu'Octave ne voudrait peut-être plus accepter? Le retour du jeune homme à des idées raisonnables n'était pas certain. Le baron le savait très-ferme dans ses volontés ; et pourquoi se mettre dans le cas de mépriser la généreuse indulgence de ses maîtres ? Fort attristé et secouant la tête, il se demanda donc s'il ne restait plus rien à faire au monde pour son fils d'adoption. En vérité, il restait peu de chose.

Il se borna donc à chercher la demeure du fugitif. Octave avait bien calculé ; le baron de Marvejols ne pouvait soutenir l'idée d'ignorer le lieu où s'était réfugié celui qu'il chérissait plus que personne au monde après sa femme et son roi, ou, pour mieux dire, son roi et sa femme. Le vieux gentilhomme se fit donc conduire au ministère de la police.

Il fut reçu par le chef auquel il s'adressa avec non moins d'égards que par le bureaucrate de la guerre. Ces deux puissants personnages avaient entre eux cette différence que le premier affectait quelque chose de la hauteur guerrière du commandement, tandis que l'autre semblait vouloir indiquer par son air discret et scrutateur, le monde de secrets enfoui sous son front.

M. de Marvejols lui soumit sa question, et il y répondit avec la réserve commandée par les graves mystères dont il était incessamment préoccupé. Toutefois il ne cacha pas que bientôt la personne indiquée par M. le baron serait dépistée, si cependant elle n'avait point déjà gagné la frontière et cherché son salut à l'étranger.

Ayant remercié Argus, le pauvre colonel s'en revint à son logis, tout triste, et méditant avec douleur sur les défauts subits que l'on découvre dans les jeunes gens ; car de croire à la puissance irrésistible de l'amour, M. le baron de Marvejols n'y songeait pas. Il en était resté, sur cette passion, aux définitions impitoyables du catéchisme ; il n'y pensait qu'en rougissant, si parfois il y pensait, car tout porte à croire que son imagination était trop pure pour aller jamais s'arrêter sur de pareils sujets. Peu s'en fallait qu'il ne considérât Octave comme un homme sans moralité ; et s'il n'avait pas encore porté un jugement aussi sévère, convenons que c'était par suite de cette faiblesse, de cette partialité que les esprits les plus rigides voient se dresser entre eux et leurs principes toutes les fois qu'il s'agit d'un être aimé.

CHAPITRE XXI.

Ainsi, dans cette même journée où les divers personnages de notre histoire étaient réunis à Paris, chacun d'eux menait de son côté un train de vie bien différent.

Octave souffrait, mais demeurait assez maître de sa douleur pour suivre avec courage et résolution le plan de conduite qu'il s'était tracé. Marguerite se voyait presque mourir; mais, décidée à descendre au tombeau plutôt que d'empêcher la fortune de son cousin, elle éprouvait mille remords et s'accusait d'avoir jadis méprisé les conseils de Marcel et ainsi préparé les embarras de ce moment. Sa seule excuse, à ses yeux, était d'avoir ignoré les grands succès préparés à Octave. Gérard se promenait dans le carrosse de son cher marquis; il roulait ses doigts l'un sur l'autre, et, bien que toujours prêt à suivre en soupirant la volonté de sa fille, chagrin de n'avoir pas son neveu pour gendre et pour héritier, il oubliait souvent ses peines en admirant la douceur inouïe de son véhicule.

Bartannier savourait de plus en plus, sans le savoir, le poison de l'amour. Pendant qu'il faisait de la fourberie vis-à-vis du vieux Marvejols, et se considérait comme un délicieux roué, le brave marquis s'enferrait de son mieux. Il écoutait parler Marguerite avec une admiration profonde ; il la trouvait charmante, ravissante ; il n'avait jamais rien rêvé de semblable. Ses connaissances en fait de femmes ne s'étaient formées que dans une assez douteuse compagnie, et l'idée de s'éprendre d'une fille honnête et bien née était pour lui toute nouvelle, car de feu madame la marquise de Bartannier il ne faut parler ; elle avait été de son vivant une grosse demoiselle rougeaude, issue de bonne famille de Languedoc, et gasconnant à faire plaisir. Ainsi Bartannier savourait toute la nouveauté des sentiments qui animaient son cœur, aussi surpris que touché.

Marcel, lui, faisait un peu l'égoïste ; le pauvre garçon ne pouvait s'empêcher de se regarder et de se voir sur la grande route de mourir de faim. A un moment où Octave daigna s'inquiéter de ses affaires, il lui exposa sa position.

— Mon cher ami, dit-il, si je ne suis pas réemployé, il faudra, pour subsister, que je me fasse commissionnaire. Je n'ai nulle envie d'aller grossir le nombre de mes collègues qui, avec leurs grandes redingotes râpées, leurs cannes pendues par un cordon à la boutonnière, leurs chapeaux gras et leurs grandes moustaches, passent leur vie dans les cafés du Palais-Royal, buvant force petits verres et se posant en avaleurs de royalistes! Si tu possédais quelque petit bien à gérer, je serais ton intendant (ici Marcel jeta un regard circulaire autour de la chambre), il n'y a pas besoin d'un administrateur pour ton domaine actuel, outre que l'usufruit seul t'en appartient. Tu ne peux plus me tirer d'embarras maintenant que te voilà brouillé avec le monde entier. Tout à l'heure je n'aurai plus de bottes !

— Tu n'en es pas encore là, répondit Octave, distrait de ses propres pensées. Tu sais que j'ai quelques cents francs, nous les mangerons ensemble comme nous faisions jadis de nos appointements, et ensuite quand j'aurai épousé Marguerite...

— Peste ! tu vas bien vite ; es-tu donc si sûr de ton fait ?

— Certain ! quand Ternove sera à moi, nous y vivrons en frères.

— Tout cela est bon dans la conversation, mais ne va pas si bien en pratique. Parlons comme des gens ordinaires. Te sentirais-tu beaucoup de répugnance à me donner une lettre pour de Soilles ?

— Sans nul doute ; mais il s'agit de toi, et je ferai mieux que de te donner un mot, nous irons le voir ensemble.

— Je t'en aurai obligation, repartit Marcel ; il m'a promis dernièrement de parler en ma faveur ; son oncle peut beaucoup, et vraiment il s'agit de me sauver la vie. Je ne tiens pas à devenir commissionnaire.

— Allons donc voir Julien, dit Octave en prenant son chapeau.

Julien était chez lui quand Marcel et Ternove y arrivèrent ; et aussitôt annoncés, ils furent reçus.

— M'apportez-vous de bonnes nouvelles? dit-il en leur tendant la main de la manière la plus affable, et toi, Octave, es-tu revenu au sentiment de tes véritables intérêts? Dès que je te vois ici, j'obtiens dumoins une assurance qui m'est bien douce, c'est que tu ne m'en veux pas et que tu comprends ma conduite. Me trompé-je ?

— Point, dit Octave avec indifférence. Mais sans nous étendre sur des sujets inutiles, venons à ce qui fait surtout l'objet de ma visite.

Il raconta à Julien, avec autant d'abandon que s'ils eussent été dans les meilleurs termes, la position de Marcel, le besoin que le sous-lieutenant avait de sa solde, l'impossibilité dans laquelle il se voyait lui-même de mener cette affaire à bien, et le recours qu'il avait à son activité et à son influence.

— Désormais, dit-il en terminant, il n'y a que toi sur qui je puisse encore compter, et comme c'est, je pense, la dernière demande que j'aurai à te faire, tu ne me la refuseras pas.

— En aucune manière, répliqua Julien ; M. Marcel peut être assuré que mon petit crédit et celui de mon oncle, qui vaut beaucoup mieux, seront employés dès demain en sa faveur. Et maintenant, permets-moi, Octave, d'en revenir à toi. Je n'ai jamais cherché à le nier, ton affaire m'est tout à fait personnelle.

Octave sourit.

— Tu n'as pas besoin de prendre la chose du mauvais côté, continua Julien ; c'est bien simple. Tu pouvais me servir puissamment, tu en avais toute la bonne volonté imaginable, je perds beaucoup en perdant ton secours ; c'est clair.

— Que veux-tu ? répondit le commandant, ce qu'il y a de mieux, c'est de n'en plus parler ; le sort en est jeté, prends ton mal en patience.

— Voyons, ne nous fâchons pas, interrompit Julien ; es-tu capable de parler avec moi de sang-froid ? Tu me parais prendre une grande confiance dans l'avenir, si j'en juge par ton attitude, et je crois que c'est dans la pensée que mademoiselle de Ternove se laissera fléchir.

— Tu dois comprendre que je n'ai pas de confidence à te faire sur ce sujet.

— D'accord ; mais moi je suis plus confiant et j'ai quelques petits détails à t'apprendre sur lesquels tu ne comptes pas.

— Voyons un peu ces nouveautés.

—Mon cher ami, je suis fâché de t'annoncer que pour le peu de temps que j'ai eu l'honneur de voir mademoiselle de Ternove, je la connais mieux que toi. Ce que j'avance là peut sembler un paradoxe, et cependant c'est très-véritable. Tu ne te doutes pas, j'en suis sûr, de ce qu'elle a fait aujourd'hui. Très-probablement tu la crois désolée, malade, etc. Nous sommes bien sots, nous autres hommes, quand nous aimons !

— Je vois que tu vas te lancer, dit Octave, dans

ces dédales d'accusations qui amusent tant ton esprit ; je ne m'inquiète nullement de ce que mon oncle et ma cousine peuvent avoir fait aujourd'hui ni de ce qu'ils feront demain.

—Bah! si je te disais que le gros Bartannier pense à épouser mademoiselle Marguerite, cela pourrait peut-être émouvoir ta superbe...

— Bartannier et Marguerite ! s'écria Octave en riant ; si tu n'as plus que des moyens pareils pour me détacher d'elle, tu ne me parais guère supérieur aux traîtres de l'Ambigu.

Marcel regarda de Soilles d'un air de doute, et par un geste de tête témoigna de son incrédulité.

— Vous avez tort, continua Julien en les regardant l'un et l'autre d'un air fort sérieux. L'oncle Gérard et sa fille se sont promenés toute la journée avec le marquis, et se promènent encore à l'heure qu'il est. Je les ai rencontrés en voiture il y a une heure, et l'oncle m'a dit naïvement qu'ils dînaient ensemble.

— Où cela ? demanda Octave de la voix incisive d'un homme qui voit poindre en lui l'ombre d'un projet.

— Au Palais-Royal, répondit Julien ; et comme le marquis m'a confié ce matin, je le déclare sur l'honneur, son désir d'épouser ta cousine, j'en conclus que, peu spirituel comme il est, et peu retenu, il a dû en montrer déjà assez pour que mademoiselle de Ternove, si elle était ce parangon de fidélité que tu crois, l'eût déjà mis de côté et eût renoncé aux promenades.

Octave se leva, rouge comme un coq.

— En voilà assez, mon cher Julien. Je te remercie de tes bonnes intentions ; mais, tout bien considéré, je ferai mieux, je crois, de m'en tenir à mon premier avis. Adieu, sois utile à Marcel, et je t'en garderai une éternelle reconnaissance.

Il serra la main de son ancien confident, et sortit suivi de Marcel.

— Es-tu devenu fou ? lui demanda celui-ci, en le voyant marcher avec une rapidité sans égale.

— Et toi, ne devines-tu pas mon contentement ? Allons ! allonge le pas !

— Où courons-nous ainsi ?

— Au Palais-Royal !

— Au Palais-Royal ! et que veux-tu faire ?

— Quelque chose qui puisse ressembler à un esclandre. Je ne demandais que cela au monde.

Tout en marchant donc fort vite, Marcel dit à Octave :

— Quel homme bizarre tu fais, et, par suite, quel singulier personnage je joue moi-même ! Nous sommes tous les deux dans la pire des positions, c'est incontestable ! Tu perds beaucoup, tu perds tout, sans avoir encore la moindre assurance de réussir dans ce qui te fait jeter ta fortune par la fenêtre, et pourtant nous n'avons jamais été si gais !

— Eh ! mon ami, repartit Octave, il y a vraiment bien de quoi ! Tu n'as jamais observé sans doute, toi qui es un analyseur de première force, qu'au plus fort d'une partie on ait le cœur triste ; il n'est pas indispensable de tenir l'enjeu gagné pour croire au succès ; toutes les combinaisons qui vous en rapprochent vous remplissent de joie.

L'empereur a été, j'en suis sûr, moins satisfait le lendemain d'Austerlitz que la veille, lorsqu'il a trouvé le moyen de battre l'ennemi.

— Ma parole d'honneur et sans te flatter, Octave, tu aurais fait un grand politique! C'est dommage! Rien n'indique l'homme d'action comme le contentement dans le combat. Mais enfin que médites-tu? Parle, tu ne m'as encore rien expliqué.

— De jouer une vraie comédie, répondit en riant Ternove, car je ne crois pas que nous ayons à exécuter ce que je vais dire à Bartannier. Maintenant Marguerite est à moi, j'en suis sûr!

Ils entrèrent au Palais-Royal. Il était sept heures; sur la place, Octave montra du doigt à Marcel une voiture.

— C'est celle du marquis, dit-il. Nous arrivons convenablement.

Ils s'engagèrent sous une galerie.

A quelque vingt pas, ils aperçurent Gérard, Bartannier et Marguerite s'acheminant du côté par où ils étaient venus, du pas d'honnêtes promeneurs retournant au logis.

Octave tira brusquement Marcel de côté.

— Laissons-les passer, dit-il, qu'ils ne nous voient pas! Il n'est pas nécessaire, pour l'effet que nous voulons produire, de faire une scène en public.

Ils se placèrent derrière un pilier, et virent leur proie.

Gérard causait avec feu; probablement il racontait quelques-uns des faits et gestes du régiment de Champagne; Bartannier avait l'air de l'écouter; mais les deux amis s'aperçurent très bien que le marquis regardait Marguerite en dessous et ne s'occupait que d'elle, tandis que, le bras passé sous celui de son père, elle avait visiblement laissé aller sa pensée à mille lieues.

— Ton de Soilles n'a pas menti, dit Marcel. Le vieux reître en tient pour Marguerite. Est-ce que tu n'es pas jaloux?

— En toute autre circonstance, répliqua Octave, je le serais! Mais le temps me manque. D'ailleurs, cela ne va pas durer. Ils vont sans doute chez mon oncle?

— Probablement. Il faut les suivre. Attends que j'appelle une voiture.

Marguerite et ses compagnons montèrent dans le landau du marquis; les officiers se jetèrent dans un cabriolet.

— Suivez cette voiture, dit Marcel au cocher.

En effet, la voiture partit et vint s'arrêter devant l'hôtel de Gérard. Le cabriolet, en écuyer fidèle, n'avait pas perdu le landau de vue un seul instant.

Les deux officiers coururent à la porte, et se trouvèrent presque sur les pas de ceux qu'ils poursuivaient, de sorte que le sévère portier n'aurait pu songer à les retenir, même quand il l'aurait voulu. C'était ce que redoutait Octave; mais il ignorait que, par le conseil du marquis, Gérard avait donné l'ordre de le laisser monter quand il reviendrait, afin de savoir de lui son adresse et, s'il était possible, ses projets.

Une fois dans l'escalier, Marcel dit encore à Octave :

— Laissons la caravane prendre les devants,

par le même principe qui nous a fait nous jeter de côté dans le Palais-Royal. Les scandales d'escaliers ne nous conviennent pas plus que ceux de rue.

— Tu as raison, répondit Octave, d'autant plus que nous voilà sûrs de nos gens, et que j'ai à te donner un mot d'ordre. Ne prends pas cette figure conquérante; elle pourrait gâter nos affaires. Revêts la physionomie taciturne, qui t'est plus habituelle : quelque chose de sauvage et de froid; nous en produirons plus d'effet sur le marquis.

— Ce n'est donc pas un héros, ton marquis?

— C'est un épicurien, et il n'aime pas se risquer.

Le pauvre Bartannier ne s'attendait guère à ce qui se machinait là contre son amour naissant. Naissant! *Je faux*, comme dit la Fontaine; cet amour était bien né, bien venu et déjà fort impérieux. Il avait fallu peu d'heures pour lui donner toutes ses plumes. On a vu le matin déjà la passion fort vive dans le cœur du vieil élégant; elle était devenue de flamme depuis lors. Ce qu'il avait déclaré à de Soilles était sincère; il pensait sérieusement à épouser Marguerite, et s'il ne s'était pas prononcé encore, c'est que son idée lui semblait ridicule à lui-même. Il ne savait plus ce qu'il faisait, il n'était plus maître du fil de son intrigue, il trébuchait au milieu de tous les piéges tendus par sa tactique galante, et si Marguerite, après l'avoir jugé bon homme très-fugitivement, avait daigné l'honorer de la moindre attention, elle se fût aperçue sans peine d'un excès de présomption qui avait fait refluer au visage du marquis les plus riches, sinon les plus belles couleurs. Il était bien loin des airs victorieux qu'il avait cru devoir prendre d'abord. Il se sentait au contraire tout prêt à se couler humblement sous la pantoufle de Marguerite si cette benoîte pantoufle voulait se soulever pour le lui permettre. En un mot, le pauvre marquis en était à la cécité complète.

On venait de s'asseoir dans le salon de Gérard. Marguerite s'était mise un peu de côté dans l'ombre et appuyait sa belle tête soucieuse sur sa main charmante. L'enflammé marquis profitait de sa distraction pour la regarder en dessous, et l'oncle Gérard poursuivait tranquillement une interminable histoire, quand Octave parut, suivi de Marcel.

— Mon oncle, dit-il, je voudrais vous dire deux mots.

— Je t'écouterai volontiers, mon ami, dit Gérard, d'autant plus que tu vas me donner ton adresse, ainsi qu'à M. le marquis. Que diable ! mon enfant, on ne se cache pas ainsi ! Tu n'aurais qu'à être malade, on ne saurait où aller te prendre !

— Quoi ! M. le marquis, dit Octave d'un ton froid, vous voulez savoir mon adresse ?

— Que veulent dire ces façons, Octave ? demanda M. de Bartannier.

Il avait d'autant plus de facilité à répondre aux paroles sèches du commandant par un air d'humeur, que la subite entrée des deux officiers avait troublé ses jouissances contemplatives.

— Ces façons veulent dire, monsieur, continua le jeune homme plus haut encore, que je vous tiens quitte de toute sollicitude à mon égard.

— Je ne vous comprends pas, repartit brusquement Bartannier; à la vérité, je vous crois depuis quelques jours un peu timbré, mais je ne vous savais pas si promptement devenu fou à lier. Enfin, à qui ou à quoi en avez-vous ?

— Puisque vous le prenez sur ce ton, poursuivit Octave, je craindrai moins de vous démasquer en face !

— Me démasquer ! dit Bartannier surpris.

— Je voulais vous ménager, mais vous n'en valez pas la peine.

— Réellement, mon pauvre neveu, tu as perdu l'esprit, s'écria Gérard sortant de sa surprise. Tu viens chez moi insulter M. le marquis ! insulter ton meilleur ami ! car il est ton meilleur ami !

— Oui, il aime beaucoup trop notre famille !

— Tu trouves mauvais que M. le marquis me témoigne de l'intérêt ! s'écrie le bon Gérard.

— Ecoutez, mon oncle, reprit Octave gravement, je viens de chez M. de Soilles.

— Tu peux être tranquille de ce côté, dit Gérard, je paierai tes dettes.

— Je viens de chez Julien avec M. Marcel, ici présent, et il nous a fait part d'une conversation de M. de Bartannier. C'est là ce qui me force à venir vous rendre ainsi ma visite.

Bartannier devint très-pâle.

— Il y a un malentendu, murmura-t-il.

— Je le crois, poursuivit Octave ; vous concevez, M. le marquis, que la présence de ma cousine m'impose de grands ménagements.

— Octave, je crois que l'on vous en a imposé, dit Bartannier d'un air sûr de lui.

— De quoi s'agit-il ? demanda Marguerite.

— De vous, ma cousine; M. de Bartannier avait cru pouvoir espérer...

— De grâce, Octave, s'écria le marquis hors de lui, ayez un peu de considération pour moi, qui vous ai toujours aimé comme...

Octave fut impitoyable ; il se tourna vers Gérard :

— Vous n'auriez jamais cru à des projets semblables, n'est-il pas vrai, mon oncle ?

— Ma foi non, dit Gérard ; d'autant plus que je ne comprends pas bien encore de quoi il s'agit. Est-ce que M. le marquis aurait eu des prétentions à plaire à Marguerite ?

— Il me semble, mon père, dit la jeune fille en se levant et avec un sourire tranquille, que voilà faire beaucoup durer un pareil entretien. M. le marquis a cru sans doute pouvoir s'amuser à nos dépens ; il nous a traités en provinciaux. Mais si son plaisir a assez duré, il est temps d'y mettre fin en nous séparant.

— Ah ! mademoiselle, reprit Bartannier, les intentions les plus pures, les plus honorables ont, je vous l'assure...

— M. le marquis, interrompit Gérard, voilà une aventure tout à fait fâcheuse. Je me vois forcé de ne plus vous recevoir. En vous priant d'agréer mes très-humbles salutations, je crois pouvoir vous demander la permission de vous reconduire.

Le marquis se tourna vers Octave, et serrant les poings :

— M. de Ternove, lui dit-il, nous nous reverrons ! Vous entendrez parler de moi ! Corbleu ! oui, je me vengerai de ce trait-là !

Et il partit.

— Tu viens, dit Gérard à Octave, de nous débarrasser de la peste la plus dangereuse, un hypocrite! Le faquin trouvait à écouter mes vieilles histoires un plaisir dont je m'étonnais moi-même. Je conçois ses égards maintenant! Mon ami, tu vas passer la soirée avec nous, Marcel aussi; n'est-il pas vrai, Marcel?

— Mon père, murmura Marguerite, que faites-vous? Oubliez-vous la parole donnée à M. de Marvejols? Pensez-vous qu'on peut nous accuser?

— De quoi, Marguerite? demanda Octave impétueusement.

Il ne jouait plus la dignité offensée ni la roideur. Aussitôt qu'il s'était retrouvé aux prises avec son amour seul, il était redevenu vrai comme l'or. Il contemplait sa cousine avec des yeux ardents; il eût voulu se précipiter à ses genoux, presser le bas de sa robe sur ses lèvres, le couvrir de baisers et de larmes. Tandis qu'il attendait la réponse à sa brusque interrogation, mademoiselle de Ternove tenait les yeux baissés et tardait à répondre. Elle avait peur qu'un tremblement dans sa voix, en trahissant son émotion, ne laissât percer son amour. Quand elle se crut sûre d'elle-même, elle répondit :

— On peut accuser mon père de basse intrigue, moi d'un calcul égoïste, vous d'agir comme un enfant; mais ne revenons pas sur un sujet épuisé. Partez, Octave !

— Vous avez raison, mordieu raison ! s'écria Ternove avec violence; il faut que je m'en aille! Chère, mille fois chère Marguerite, vous ne savez pas que vous ne réussirez point à me détacher de vous ! Fallût-il... Je dis des folies ! Adieu ! adieu !

Il se jeta comme un fou sur la main de sa cousine, l'embrassa à plusieurs reprises avant que cette main pût lui être retirée , et s'enfuit, toujours suivi de Marcel qui se conduisait avec le sang-froid et la discrétion , signes distinctifs des confidents de la tragédie classique.

En arrivant dans la rue, Octave fut saisi par Bartannier, qui d'un bond lui sauta au collet à la grande admiration du cocher et des valets de pied surpris déjà que leur maître, au lieu de monter en voiture, restât à se promener en gesticulant devant la porte de l'hôtel.

— De quoi s'agit-il ? demanda Octave subitement calmé par cette brusque accolade.

— Monsieur, vous m'avez indignement insulté!

— Vous voulez séduire ma cousine et me forcer au silence ?

— Vous m'avez fait mettre à la porte d'une maison où...

— Vous vouliez séduire ma cousine ?

— Moi qui vous ai aimé comme un fils , qui allais vous donner ma fille, ma fortune, vous n'avez pas eu même assez d'égards pour...

— Vous laisser séduire ma cousine ?

— Sangdieu ! M. de Ternove, trève d'injures ! Je ne vous ai pas attendu pour faire assaut de plaisanteries ! Savez-vous bien à qui vous avez affaire ?

— Oui, à un homme d'un âge très-mûr et d'un cœur très-tendre.

— Et d'un bras très-long !

— Et d'une main de gendarme ; je vous prie de ne pas tant chiffonner mon collet.

— M. de Ternove, je vous ruinerai ! je vous poursuivrai ! je vous exterminerai !

— Vous êtes plus colère que je ne croyais !

— M. de Ternove, vous m'avez maintenant pour ennemi mortel, je vous en avertis, à moins que...

— Je ne vous laisse séduire ma cousine ?

Bartannier bondit comme un lièvre à une nouvelle blessure. Il avait les yeux hors de la tête ; il cherchait une réponse foudroyante, accablante, il ne trouva rien de mieux que ceci :

— Je vais chez Marvejols, monsieur !

Il se jeta dans sa voiture qui partit comme le vent.

Octave et Marcel riaient.

— Tout va bien, dit Octave ; je tiens maintenant mes affaires dans un ordre admirable.

— Je crois, en effet, que tu ne seras pas colonel.

— J'y ai mis bon ordre moi-même.

— Ni pair de France !

— Voilà Bartannier qui va m'en éviter la peine.

— Et ton héritage de Marvejols ?

— Et ma baronnie ?

— Te voilà ruiné à plat, et je t'en fais mon compliment.

— Oui, mais ton compliment sent l'ironie ; je te supplie de le rectifier, en ajoutant que je n'épouserai pas la belle Claire de Bartannier.

— Allons, dit Marcel en se frottant les mains,

nous sommes des coquins bien heureux, nous voilà perdus sans ressources !

— N'aie pas d'inquiétude pour ce qui te concerne, reprit Octave d'un ton plus sérieux ; laisse-moi seulement me débrouiller dans mes affaires.

— Oui, t'embrouiller. Que faisons-nous maintenant ?

— Ma foi, ce qu'il te plaira.

— Estimes-tu que ta journée ait été bonne ?

—Je la crois admirable, et des meilleures et des plus victorieuses.

— Bon, allons au spectacle pour tuer le temps.

— Au fait, pourquoi n'irions-nous pas nous réjouir ? Je suis sûr que Marguerite sera à moi !

Bartannier apparut au milieu du salon où madame de Marvejols et son mari continuaient à déplorer la conduite d'Octave et tous les malheurs qui en étaient la suite. Il tomba comme une bombe, rouge, furieux, bondissant ; il ne pouvait pas parler en arrivant. Enfin, quand il eut respiré pendant quelques instants avec force, il s'écria :

— Votre Octave est le dernier des misérables !

— Ouf ! dit le baron.

— Oh ! s'écria la baronne.

Dans ce double cri il y avait de la surprise, de la douleur, du mécontentement : tout partait du cœur.

— Vous l'avez vu ? dit M. de Marvejols.

— Oui, chez son oncle.

— Le malheureux , cria la baronne , il y passe sa vie ! Ces intrigants ont su le trouver dans son trou , car l'homme de la police nous a fait dire que c'était un trou ! Que fait-il, le malheureux enfant ?

— Il est perdu pour vous, dit le marquis. C'est le pire des enragés ! Un homme sans principes, sans religion, sans foi, sans loi, un monstre ! Ah ! je le crains bien, mes amis, ajouta-t-il avec un geste pathétique, je crains bien que nous n'ayons réchauffé un serpent dans notre sein.

— Quoi ! dit le baron en saisissant la main du marquis, serait-il jacobin ?

Bartannier aurait juré dans ce moment, pour faire perdre Octave, qu'il l'avait vu, de ses yeux vu, poignarder Henri IV. Il n'hésita pas et prononça ces mots terribles :

— Nous n'en pouvons pas douter, c'est un jacobin ! Son oncle lui-même demande à en être débarrassé ! Vous ne vous faites pas l'idée de ce qu'il est ? D'abord, insolent !

— Non, dit la baronne avec aigreur ; il a le caractère le plus doux. S'il est jacobin, c'est déjà bien assez. Il est très-doux et très-affectueux avec ceux qu'il aime.

— Ou qu'il flatte, le misérable ! hurla Bartannier, et lâche comme la lune !

— Ne dites point cela, reprit le baron ; je sais pertinemment qu'il est brave comme un César.

— Ah ! vous le défendez ! s'écria le marquis en frappant du pied et en poussant un rire de démoniaque, vous le défendez quand il vient de m'insulter, moi, oui, moi, de la manière la plus grossière !

— Vous m'épouvantez, marquis ! s'écria M. de Marvejols ; au nom du ciel ! de quoi s'agit-il donc ?

En ce moment , livré à la colère , vous jugez sans impartialité ! Songez, marquis, songez qu'avec les jeunes gens il faut toujours de l'indulgence !

— Mais enfin que vous a-t-il donc fait ce pauvre Octave , dit la baronne, pour que vous l'appeliez jacobin ?

Bartannier se trouva presque embarrassé. Dans sa fureur, il avait si fort accumulé les accusations et les invectives, qu'il n'avait pas pris garde à la grande difficulté de faire comprendre au baron et à sa femme combien Octave était coupable à son égard.

— Eh bien ! marquis , parlez donc ! dit la baronne.

— Oui... reprit Bartannier en cherchant ses mots, je suis allé, comme je vous l'avais promis , chez M. Gérard de Ternove, pour lui demander l'adresse de notre drôle.

— Trêve d'épithètes, je vous en prie, dit sèchement la baronne, cela n'ajoute rien à l'intérêt de votre récit.

Bartannier se leva avec emportement :

— Madame, s'il ne m'est pas permis de m'exprimer librement sur le compte de ce bandit , je vais sortir et ne vous reverrai de ma vie. Permettez-moi de dire que M. Octave de Ternove est un drôle, parce que je pense que c'est un drôle, morbleu ! Je disais donc... c'est cela, j'y suis ! je le trouvai là coquetant auprès de sa cousine ; puis...

Ce n'était pas la bonne volonté qui manquait au marquis pour faire une histoire bien effroyable des crimes d'Octave, mais l'imagination. Il suait à grosses gouttes. Il tremblait de prêter le flanc, il était tout à fait égaré, il ne savait trouver un mot de plus. Ses auditeurs attendaient bouche béante; il se leva avec une véritable furie.

— Ah ! dit-il, vous le défendez toujours! Vous ne voulez pas croire à ses turpitudes ?

— Mais, marquis, vous ne nous expliquez pas!

— Gens aveugles, restez donc dans votre entêtement; pour moi, je m'en lave les mains. Mais, sachez-le bien, jamais votre M. Octave de Ternove ne me sera de rien! non, de rien! Aurait-il autant de mille livres de rente, autant de titres, autant de grades que j'ai de cheveux sur la tête, je ne lui donnerais pas ma fille, entendez-vous! Vous pourrez en faire votre société, votre fils, votre camarade, s'il vous convient, mais pour moi, lorsque j'aurai la chance de le rencontrer ici, je n'y mettrai pas le pied. Enfin je le tiens pour le dernier des...

Le marquis resta un moment au milieu du salon, la bouche ouverte, remplie évidemment d'injures incohérentes, puis se jetant brusquement sur la porte, il l'ouvrit, partit, et on l'entendit dans l'antichambre s'en donnant à cœur joie et ressemblant à Eole entouré de ses outres grandes ouvertes.

Le baron et la baronne étaient restés confondus.

— Bien évidemment, dit M. de Marvejols, notre pauvre marquis a eu une discussion avec Octave, et peut-être celui-ci n'a-t-il pas eu assez d'égards pour son âge; mais il va trop loin.

— Il va trop loin, dit la baronne, c'est un brutal. Si Octave n'a pas sa fille, il en trouvera aisément une autre. Voulez-vous que je vous dise mon avis?

— J'écoute, ma chère.

— Nous savons où demeure notre malheureux enfant. Eh bien, baron, faisons une démarche qui peut-être touchera son cœur et le ramènera à de meilleurs sentiments. Demain, allons le voir, jetons-nous à ses pieds, s'il le faut, mais qu'il ne nous abandonne pas!

Le baron leva les yeux au ciel.

— Vous êtes un ange de bonté, s'écria-t-il, et s'il n'est pas ému profondément, c'est que le cœur est gangrené; le ciel alors nous ordonne de le rejeter loin de nous! Oui, ma chère, nous irons, nous lui parlerons, et j'ai un ferme espoir que, touché d'une affection si vraie, il reviendra de la passion coupable qui l'égare et tombera à vos pieds complétement changé et converti.

CHAPITRE XXII.

Lorsque Julien avait dévoilé à Octave les plans amoureux de M. de Bartannier, il s'était comporté avec une légèreté assez ordinaire chez lui, et qui cadrait mal avec son penchant pour la ruse et l'intrigue. Il n'avait pas su résister au désir d'être désagréable à Ternove, vainqueur de toutes ses menées. En accusant Marguerite de coquetterie, il savait, de reste, qu'il ne réussirait pas à la noircir aux yeux de son amant, mais il avait espéré du moins faire naître une brouille, une complication nouvelle. C'était une consolation pour son amour-propre battu.

Du reste, ce petit plaisir de vengeance l'avait mal inspiré ; il venait de se compromettre aux yeux de Bartannier, et avait ainsi risqué de perdre les bonnes grâces du grand propriétaire. Bientôt il y avait songé et maudit son imprudence; mais comme les regrets n'avancent à rien, il s'était mis à chercher un moyen de réparer son étourderie, et était sorti pour se rendre chez celui qu'il s'agissait d'apaiser.

Il ne le rencontra pas, puisque Bartannier, au sortir de chez Gérard, avait couru chez le baron. Mais, résolu à chasser des impressions défavorables à ses vues, il prit le parti de l'attendre, et le marquis arriva dans la disposition d'humeur que l'on sait.

Aussitôt qu'il aperçut Julien :

— Ah ! parbleu ! lui dit-il, je suis ravi de vous voir ! Ravi, le diable m'emporte ! Vous m'avez jeté dans de beaux ennuis !

— Eh ! mon Dieu ! répondit Julien doucereusement, je ne le sais que trop, et je viens vous en exprimer toute ma douleur ! Un maladroit désir de vous rendre service !... Je suis un sot !

— Me rendre service ! Me prenez-vous moi-même pour un idiot ? Ne m'avez-vous pas jeté les plus lourds bâtons dans les jambes ?

— Je suis au désespoir ! s'écria Julien avec une figure renversée. Mais enfin, le résultat de tout, c'est que le malheureux Ternove continue de plus belle ses intrigues auprès de sa cousine.

—Qu'il l'épouse, dit Bartannier avec rage, et qu'il meure de faim avec elle ! Pour moi, tout le mal possible, je le lui ferai. Je ne sais pas ce que c'est que de mentir à mes sentiments. Cette femme me plaisait outre mesure. Je la trouve charmante, et, comme je vous l'avouais ce matin, j'étais peut-être

prêt à faire pour elle la plus suprême des folies!
Vous pouvez donc compter que je ne pardonnerai
jamais au misérable Octave de me l'avoir enlevée.
Je ne suppose pas que vous ayez mis de la méchan-
ceté dans votre bavardage, sans quoi...

— Mon Dieu! interrompit Julien, quelle vrai-
semblance! ai-je donc un intérêt à me brouiller
avec vous? Je suis désolé de mon ânerie.

— Le désespoir ne change rien aux choses, répondit brusquement Bartannier; vous avez fait
une sottise; mais comme il faut que je me venge,
je vous pardonne. Ecoutez-moi, je n'aime pas les
phrases et n'en fais aucun cas. Vous m'avez toujours paru un garçon d'esprit, et même un peu
matois.

Julien sourit.

— Ne vous offensez pas. Vous allez voir que je
n'ai pas de mauvaise volonté pour vous. Je suis
porté à vous prendre au lieu et place de ce bri-
gand d'Octave pour vous faire tout le bien imaginable, et cela, afin de l'humilier. Car, soyez-en
bien sûr, il ne se passera pas quinze jours qu'il
n'enrage avec sa donzelle, et je veux qu'il vous
voie en possession de tous les biens qu'on lui ré-
servait, et qu'il en crève de dépit!

— Oh! M. de Bartannier, s'écria Julien avec
effusion, comment mériterai-je jamais tant de
bontés?

— Oui, continua Bartannier en grinçant des
dents, il faut que je me venge de ce scélérat! il
faut que je lui montre ce que je peux! il faut que
je lui suscite de mauvaises affaires, et pour cela je

t'en ferai faire de bonnes, à toi! mais tu seras son ennemi mortel!

— Après tout, pensa-t-il, si en donnant ma fille à ce gaillard-là, je tire vengeance de mons Octave, je ne conclus guère une affaire plus mauvaise que celle à laquelle je m'étais acoquiné. Il est gentil, ce petit jeune homme; il a l'intelligence des choses. Son vieux oncle n'a pas beaucoup de crédit, parce qu'il demande trop, c'est vrai; mais si je me mets à appuyer Julien, il ira tout aussi avant qu'un autre. De plus, il est marquis de Soilles; je sais bien que c'est un marquisat un peu fantastique. On dit que M. son père était un singulier homme! Mais, bah! à y regarder d'aussi près aujourd'hui que tout est brouillé, on ne verrait clair nulle part. Je crois décidément que ma fille sera marquise de Soilles.

Tandis que Julien et Bartannier improvisaient entre eux de si chaleureux rapports d'amitié, il se passait une scène de tous points différente à l'hôtel de M. de Marvejols.

On se souvient que la baronne avait formé avec son mari le projet d'aller surprendre Octave dans son pauvre appartement. Toute la nuit l'excellente femme avait médité cette idée hardie, et, pleine de l'espérance de mener à bien ses affectueux projets, elle s'était relevée plusieurs fois, s'était agenouillée sur son prie-Dieu, et y avait débité de ferventes oraisons pour disposer les puissances célestes en sa faveur.

Au point où j'en suis arrivé de mon histoire, il me vient comme un scrupule, une crainte de n'avoir pas rendu suffisamment saillantes les belles qualités de **M.** et de madame de Marvejols, tout en insistant peut-être un peu trop sur des détails de caractère et d'esprit qui prêtent malheureusement au ridicule.

Sans doute ces respectables et honnêtes personnes avaient tout à la fois les défauts de leur âge et ceux de leurs opinions sociales ; ils donnaient à la fidélité et aux vertus si nobles et si grandes du dévouement et du désintéressement politiques des allures mesquines propres à faire naître le sourire ; et pourtant tous deux possédaient bien jusqu'au fond ces qualités, ces vertus si rares dont ils défiguraient la forme ; ils étaient bien réellement dévoués, fidèles, désintéressés, aimants, serviables, probes comme on ne l'est plus guère de notre temps. Pour le baron surtout, d'aussi touchants mérites avaient atteint à leur apogée pendant son émigration, à l'armée de Condé, dans les années de l'exil. C'était un homme qui serait mort mille fois avec une intrépidité sans faste pour porter témoignage de ses croyances.

Aujourd'hui il était plongé dans un affreux chagrin par l'attente de voir se dénouer tristement cette affection si noble, et, partant, si rare que, vieillard, il portait à un jeune homme. Il avait placé sur la tête d'Octave de Ternove les plus généreux projets, parce que, ainsi que sa femme, il sentait un impérieux besoin d'aimer et de protéger. Il déplorait l'aveuglement de l'ingrat prêt à le quitter ; il tremblait pour l'avenir d'un homme acharné à poursuivre sa satisfaction en dehors de ce que sa conscience, à lui, baron de Marvejols, lui disait être la droite voie ; enfin il faisait un grand, un immense sacrifice, en consentant à ce que madame de Marvejols, à son âge, se rendît dans l'appartement d'un jeune fou pour le ramener au bien et au bonheur.

Comme sa femme, il avait passé une partie de la nuit en prière.

Les domestiques étaient prévenus dès la veille. A onze heures du matin, le baron fit demander si madame de Marvejols était prête à sortir. La baronne vint le trouver presque aussitôt dans le salon. Il lui baisa la main d'un air solennel et tendre, en s'informant de sa santé, dans des termes depuis quinze ans invariables, puis il la conduisit à sa voiture, où il monta après elle.

Octave, malgré sa volonté ferme de faire de la diplomatie, ne put réprimer une forte émotion lorsqu'il vit entrer dans son grenier ses vénérables amis. Madame de Marvejols, avec une dignité émue par l'affection, lui donna sa main à baiser, et le baron l'embrassa tendrement.

Marcel se retira discrètement.

Les démonstrations que l'affection inspire n'ont jamais qu'un sens relatif d'après les habitudes d'expansion de ceux qui s'y livrent. Pour tel et tel, les embrassements les plus passionnés signifieront peu de chose, tant on leur sait l'habitude d'exagérer sans nécessité les témoignages de leur bienveillance ; tandis que de tel autre, un simple serrement de main paraîtra singulièrement tendre et causera d'abord de la surprise et de l'émotion.

Qu'on juge donc de ce que la visite du baron et de madame de Marvejols fit éprouver à Octave! Il connaissait l'humeur formaliste de ces deux personnes ; leur attachement aux usages d'étiquette et aux convenances ; la démarche qu'elles faisaient en ce moment équivalait certainement pour elles à un renversement momentané de lois respectables ; l'attachement le plus vif avait seul pu leur donner la force d'une telle résolution. Pour Octave, rien ne fut perdu. Non moins troublé que ses visiteurs, il se trouva en leur présence comme un accusé devant ses juges, et malgré sa passion, il ne put s'empêcher de reconnaître en lui-même que, vis-à-vis de ses protecteurs, il était coupable d'ingratitude et de dureté. Il resta intimidé, balbutiant, inférieur à lui-même; il rougit ; ses torts lui apparaissaient irréparables et d'autant plus grands, qu'ils n'auraient pu désormais être expiés que par d'autres plus répréhensibles encore ; mais c'est ainsi que marche souvent le cœur entre deux fautes et forcé de choisir.

Il avait toujours aimé ses parents adoptifs et ressenti dans le fond de l'âme tout ce qu'il leur devait, jusqu'au moment où, entraîné par son amour, il n'avait plus vu dans l'univers entier que deux catégories d'êtres et de choses : ce qui le rapprochait de Marguerite, ce qui l'en éloignait. A dater de cet instant, l'affection qu'on lui portait lui avait paru un obstacle, et souvent un obstacle haïssable.

Il revenait alors à des sentiments plus dignes. En dehors désormais de toute vue d'ambition, loin de toute idée d'intérêt, il sentit remuer en lui la gratitude et la tendresse.

— Mon cher Octave, dit le baron, je viens ici

moins pour te faire des reproches, bien que tu en mérites, que pour te supplier. En t'accusant, je sens
bien que je perdrais beaucoup des droits que mon
amitié m'a dû acquérir. Si j'étais ton père vérita-
blement, je devrais avoir recours à une inflexible
sévérité; mais n'étant que ton ami, et, j'ose le croire, ton meilleur ami, je ne puis lutter contre tes
égarements que par la persuasion et les prières,
car je ne sais comment tu recevrais mes ordres.

— Mon père, répondit Octave, tout ce que ma
position a d'affreux m'est bien connu. Vous me
jugez sévèrement, parce que vous n'êtes pas habitué à reconnaître la puissance des sentiments qui
m'entraînent.

— Mon cher ami, dit Marvejols, il n'y a dans
ce monde de sentiments irrésistibles que ceux de
l'honneur et du devoir; quant aux folies coupables
dans lesquelles tu te jettes tête baissée, sois bien
sûr qu'avec un tant soit peu d'empire sur toi-même,
rien ne te serait plus facile que de les éviter.

— Vous vous trompez! s'écria Octave avec chaleur; je vous en conjure, mon bon père, et vous
que j'aimerai toute ma vie comme la mère la plus
tendre et la plus indulgente, je vous en conjure, je
vous en supplie, faites quelques efforts pour me
comprendre, et sortez, s'il se peut, du cercle habituel de vos idées!

Octave aurait fait tout aussi bien de parler turc
ou arabe, il n'aurait pas été moins compris; le
baron et sa femme se regardèrent avec une expression pénible de pitié pour le pauvre jeune homme.

— Tu veux, reprit Marvejols, que nous sortions
du cercle de nos idées? Qu'est-ce que tu appelles

de ce nom, malheureux enfant? Et sais-tu que ce que nous pensons est ce que chacun doit penser? qu'il ne s'agit ici rien moins que des principes éternels d'honneur indispensables à un homme bien né? Enfin, pour parler net, tu nous demandes d'approuver ton mariage avec une fille de néant?

— Que dites-vous là, mon père! s'écria Octave bouillant d'impatience et faisant effort pour se contenir; une fille de néant! la fille de mon oncle! ma cousine!

— Plût au ciel! repartit le baron, que M. Gérard de Ternove fût mort comme monsieur votre père, et plus misérablement encore, avant d'être descendu à l'ignominie qu'il a acceptée! Mieux vaudrait pour cette jeune personne être une simple paysanne, une honnête bourgeoise, que le produit honteux d'un hymen coupable, réprouvé par le ciel! Elle pourrait tenir une place honorable, tandis qu'aujourd'hui elle n'appartient à aucune classe. L'avilissement de son père n'a pu lui donner place dans nos rangs, et elle porte encore, aggravée en quelque sorte, la tache originelle venue de son grand-père, le plus horrible des hommes, si j'en juge d'après tout ce qu'on m'a rapporté!

— Il me faut bien du respect, murmura Octave d'une voix creuse, pour entendre de sang-froid parler en de pareils termes d'une personne qui..., de la femme que j'épouserai, malgré tout! Peut-être trouvez-vous mon langage trop vif, trop violent, mon père, ajouta l'amoureux d'un ton radouci; mais rien n'est plus affreux au monde que d'entendre médire de ceux qu'on chérit plus que soi-même. Vous parlez de la naissance de Marguerite ? Ah ! mon Dieu! mon Dieu ! je pourrais vous répondre à ce sujet mille choses, mille raisons sans réplique! Mais pourquoi vous les dirais-je? Il y a deux cents ans qu'on les répète, et vous devriez les savoir aussi bien que moi.

—Sans doute, répliqua le baron, je les connais ces raisonnements frivoles et coupables répétés par les philosophes, ces monstres, premiers auteurs de la révolution ; ces misérables que la noblesse française avait l'indigne folie d'accueillir dans ses châteaux, dans ses hôtels, à sa table, et qui s'efforçaient de reconnaître ses bienfaits en la corrompant, en lui enseignant tous les vices honteux, et qui ont fini par la dépouiller et la traîner à l'échafaud! Oui, je connais bien tous les raisonnements que tu pourrais me faire! C'est à eux que nous devons de n'avoir pas en France cent familles dont le sang soit pur! Je te rends au moins cette justice, à toi, malheureux, que la faute que tu vas commettre ne t'est pas inspirée par l'ambition ou l'avarice : mais lorsque je songe au fléau de ces prétendues doctrines raisonnables, j'en rougis pour les gentilshommes français! Ils n'ont pas eu honte d'amener dans la propre maison de leurs mères, des femmes dont ils épousaient la fortune, des filles de traitants enrichis des sueurs du pauvre peuple, et ils s'excusaient à leurs propres yeux en ne rendant à ces malheureuses ni affection ni respect! Ces messieurs mettaient du fumier sur leurs terres! Et voilà ce qu'on appelle de la philosophie! Mordieu! Octave, j'ai honte pour vous à vous voir vous emparer de ces infâmes maximes!

pour moi, lorsque j'étais enfant, que je n'avais pas huit ans, et qu'on ne savait encore si je serais d'église ou d'épée, je me souviens à merveille que mon père me faisait asseoir sur ses genoux (je n'étais pas plus hant que cela!), et me disait : Baron, vous êtes destiné à être pauvre; mais, j'aime à me le persuader, vous ne chercherez jamais la richesse dans un mariage indigne de vous. Octave! ne me citez donc pas les arguments de vos rhéteurs, ils n'ont servi de manteau qu'à la plus basse cupidité. Vous voulez faire une grande, une insigne faute? Sachez au moins la considérer en face, et ne lui donnez pas le vernis d'une belle action; l'hypocrisie vis-à-vis de soi-même est le pire des vices, parce qu'il ne laisse pas prévoir le repentir.

— Evidemment, se dit Octave, je ne convaincrai jamais un esprit comme celui-là !

Cependant il fit encore un effort.

— Je vois, continua-t-il, que vous ne pourrez tomber d'accord de ce que je voudrais, et cependant mademoiselle de Ternove est bien la fille de mon oncle, et mon oncle lui-même me semble mériter au moins l'indulgence, car, en vérité, il ne s'est marié que pour m'assurer à moi-même, alors enfant, une subsistance impossible à acquérir autrement. Je renonce à l'espoir de vous faire changer sur ce point; mais du moins le caractère personnel de ma cousine mérite des égards que vous ne lui accordez pas, et votre bonté, votre piété me semblent ici tout à fait en défaut.

Madame de Marvejols voulut interrompre Octave, mais son mari l'arrêta :

— Laissez-le parler, ma chère ! qu'il ne puisse

pas prétendre un jour qu'on n'a pas voulu l'écouter et qu'on ne lui a pas mis sous les yeux toutes les raisons d'agir sagement. Parle, Octave; je t'écoute avec patience; ne te presse pas, dis tout ce que tu as dire.

— Puisque vous le permettez, je vous affirmerai donc, poursuivit Octave, que rien n'égale les vertus de mademoiselle de Ternove. Sur sa beauté, je n'insisterai pas. Vous l'avez vue; je ne sache pas qu'elle ait beaucoup de pareilles. Je ne crois pas qu'il existe une femme dont l'aspect soit à la fois plus imposant et plus doux et qui inspire mieux l'idée que nous pouvons nous faire de la Vierge mère de Dieu. Convenez-en, mon père!

Le baron sourit.

— Mon cher enfant, répondit-il, je conviendrai volontiers, puisque cela paraît te faire plaisir, que la personne dont nous parlons ne manque pas d'agréments, bien que la dernière des expressions par lesquelles tu la loues me semble un peu forte et même passablement irréligieuse. Mais que résulte-t-il de mon aveu? Rien qui soit en ta faveur. Je fais fort peu de cas de la beauté; l'Eglise nous apprend que c'est un bien fragile et très-passager, et nous engage à nous en défier. La beauté fait plus de mal, et à qui la possède et à qui la désire, qu'elle ne produit de résultats avantageux. Si mademoiselle de Ternove est aussi belle à tes yeux que tu me l'exprimes, c'est un grand malheur, puisque tu y trouves un motif de faillir, et je ne peux que mépriser et haïr la cause d'un pareil désastre.

—Laissons donc là sa beauté, interrompit Octave

perdant courage ; je vous parlerai de sa douceur incomparable, de son grand caractère, de son dévouement, surtout ! oui, de son dévouement, car elle m'aime, et aussitôt qu'on est allé lui dire que m'attacher à elle devait entraîner ma ruine , elle n'a pas hésité à rompre avec moi, elle m'a rebuté, elle m'a banni de sa présence, elle a tout fait pour me persuader d'un changement impossible , et ainsi , par le sacrifice le plus sublime que puisse rêver l'amour, elle a cherché à se faire mépriser de moi , afin de me rendre libre. Rien n'est plus beau , rien n'est plus noble. Vous me prêcheriez pendant cent ans , que rien ne me ferait oublier la générosité de ce trait , et partant , ne pourrait me détacher de celle qui l'a pu concevoir.

Le baron regarda madame de Marvejols, qui avait l'air de prier mentalement. De toute évidence , madame de Marvejols n'avait pas écouté ou n'avait pas compris ce que venait de dire Octave. Du reste, c'est une merveilleuse faculté de toutes les femmes que de ne jamais laisser entamer une conviction à laquelle elles tiennent, par un raisonnement, par un argument, par une preuve, si accablants soient-ils. Le vieux colonel, qui ne jouissait pas de ce privilége, était ému, et Octave, remarquant que son adversaire mollissait, redoubla d'énergie.

— Voilà ce que Marguerite a su faire pour moi, s'écria-t-il, et je serais indigne de vos bontés, indigne d'avoir jamais été aimé de vous, si je pouvais accepter des sacrifices aussi nobles ! Et savez-vous pourquoi Marguerite m'aime ainsi? C'est qu'elle m'a vu malheureux et qu'elle a écouté mes supplications ! Elle ne songeait pas à moi ; elle n'avait nulle idée, nul besoin de me plaire ; je n'étais qu'un pauvre soldat sans fortune, presque sans pain. Je fus entraîné vers elle par un instinct irréfléchi, en me défendant même contre mon propre cœur ; mais enfin je fus entraîné ; je lui demandai de l'affection, je la mis mal avec son grand-père, je lui attirai mille chagrins, sans compter ceux de l'absence et de l'incertitude. Jusqu'à présent, à bien dire, je n'ai été dans sa vie qu'une cause de malheurs ! Je n'ai jamais songé qu'à l'obtenir pour moi. Elle ! elle n'a jamais eu en pensée de se donner à moi que pour moi-même ! Et vous me parlez de l'abandonner ! vous me demandez de renoncer à elle ! Pour remplacer Marguerite, vous me proposez des rangs, des grades, des honneurs ! Ah ! croyez-moi, votre affection même, qui m'est si chère, votre repos, le bonheur de vos vieux ans, que je voudrais, au prix de mon sang, pouvoir assurer, rien, non, rien n'égale ce que je dois à Marguerite et ce que je ferais pour elle, dût le ciel tomber sur ma tête !

Jamais peut-être Octave ne s'était laissé aller à tant de véhémence. Sa poitrine se soulevait avec force, et des larmes d'enthousiasme et d'attendrissement roulaient et brillaient dans ses yeux. Le baron fut subjugué par cette fougue ; il avait le cœur trop haut placé pour ne pas comprendre la position de ce jeune homme qu'il aurait tant voulu pouvoir garder près de lui ; et, bien qu'il le trouvât coupable au premier chef, répréhensible de mille manières, il ne put s'empêcher d'éprouver quelque chose de semblable à la sympathie pour tous les sacrifices qu'Octave jetait aux pieds de sa passion. M. de Marvejols, s'il avait été élevé autrement, s'il avait vécu dans un milieu d'autre sorte, n'aurait jamais manqué d'intelligence pour les nobles affections : la nature sur ce point l'avait comblé.

— Mon ami, dit-il à Octave, je ne raisonnerai plus avec toi. Ce n'est pas sans chagrin que je me vois contraint de l'avouer : jamais homme pour qui j'aie eu de l'affection ne m'a paru mériter un blâme plus sévère; mais les représentations, les conseils sont désormais sans pouvoir. Une ombre d'équité, une délicatesse sans doute fausse, t'attirent dans l'abîme ! Tombes-y ! je ne peux plus rien !

Madame de Marvejols se mit à pleurer à chaudes larmes et jeta ses bras autour du cou d'Octave, qui lui rendit ses caresses.

— Voyons, ma chère, dit le baron avec une émotion dont il était à peine le maître, calmez-vous. Il ne faut pas nous laisser abattre par les épreuves que Dieu nous envoie. Chère baronne, je vous en conjure, un peu de fermeté.

La fermeté était d'autant plus difficile à obtenir, que celui qui la réclamait en montrait fort peu lui-même. Pendant un moment on n'entendit dans la chambre que des plaintes, des pleurs, des gémissements interrompus par des exclamations de la baronne, et des consolations du vieil émigré. Octave avait grand'peine à garder quelque sang-froid.

Enfin lorsque le calme fut un peu rétabli, le

baron s'essuya les yeux avec son mouchoir et fit signe à Octave de se rasseoir vis-à-vis de lui, car au milieu de ce conflit de douleurs réciproques, le baron et le commandant s'étaient levés pour s'empresser autour de Marvejols.

— Mon ami, lui dit-il, puisque rien ne peut te faire céder, je me résigne, et je vais te faire connaître les rapports qui, à dater de ce jour, sont les seuls possibles entre nous.

— Laissez-moi, s'écria Octave, vous jurer, avant toutes choses, que de mon côté je ne perdrai jamais rien de mon respect et de mon attachement ! Croyez-le aussi, ma mère !

— Tu lui donneras toujours ce nom, reprit M. de Marvejols ; car je sais que tu lui seras toujours cher. Maintenant, je dois te le dire, et tu t'y attends sans doute : je ne songe plus à t'adopter. Pour porter le nom de Marvejols, il faut des qualités que tes enfants ne posséderont pas. Nous n'avons jamais eu de mésalliance chez nous ! Quant à ma fortune, abstraction faite de ma pension, tu sais que j'ai peu de bien ; ce peu, à notre mort, te reviendra.

Octave serra la main du baron. M. de Marvejols continua :

— Tu as eu le plus grand tort du monde de donner ta démission, parce qu'on l'a acceptée et qu'on ne veut pas la rendre. Je crains bien d'éprouver de grandes difficultés à te faire replacer ; tu as commis là une étourderie incomparable. Mais avec l'aide de Bartannier...

— Ah ! dit Octave, ne comptez pas sur le marquis !

— Pourquoi? parce qu'il est irrité contre toi? Je crains en effet que tu n'aies eu avec lui quelque discussion pénible! Peut-être lui as-tu parlé de sa clef de chambellan du temps de Bonaparte? Tu as eu tort. Le marquis est un homme faible et sans caractère, mais il n'est pas méchant. Il te pardonnera sans peine.

Octave ne répondit que par un sourire; il ne crut pas devoir entrer dans le détail des motifs que le marquis avait de lui vouloir du mal.

Le baron poursuivit ses explications.

— Je dis donc qu'avec l'aide de Bartannier, nous réussirons à te faire rendre au moins ton grade, si ce n'est ta place à la cour. Alors, mon ami, avec le peu que tu posséderas d'ailleurs, tu tâcheras de te tirer d'affaire; je crains que ton existence ne soit pas gaie.

Octave remercia cordialement le baron, et prodigua aussi à madame de Marvejols les expressions les plus affectueuses. La pauvre femme n'avait pas beaucoup parlé pendant tout cet entretien; elle n'avait fait qu'interrompre de temps en temps son mari et Octave par des exclamations douloureuses. En général, la dépense de paroles qu'elle se permettait n'était pas notable; elle parlait assez difficilement français, et M. de Marvejols aimait à lui épargner les longs discours en allant au-devant de tous ses désirs. Elle pleura beaucoup, et se récria souvent. Là se borna son intervention. Cette entrevue, si elle n'apporta guère de joie aux cœurs des deux vieillards, en donna beaucoup à Octave. Ce fut pour lui un grand et vif bonheur que de savoir ses amis réconciliés avec lui et sans rancune; il avait craint de se voir repoussé comme un homme indigne d'affection et d'estime.

A la vérité, son âme fut blessée en observant leur silence profond au sujet de Marguerite ; ils semblaient vouloir lui indiquer leur volonté de n'entretenir avec elle aucune relation. Dans un homme amoureux, c'en était assez pour empoisonner toute la joie éveillée d'ailleurs par l'angélique bonté qu'on lui témoignait ; mais, toutefois, il ne crut pas devoir appeler de la décision, car déjà la condescendance du baron le surprenait assez; il le connaissait trop pour ne pas en apprécier toute l'étendue, et il n'espérait guère, pour le moment du moins, pouvoir obtenir au delà.

Et on se sépara. Ce furent de véritables adieux. De la part de M. et de madame de Marvejols, il y avait dans ces embrassements tout un renoncement à leurs plus chères espérances. On ne parla plus même du temps où on se reverrait. Octave ne chercha pas lui-même à ranimer l'entretien sur ce côté délicat, et après mille protestations d'éternel attachement de sa part et d'infinie reconnaissance, après des expressions de regret et de chagrin bien difficiles à terminer, le baron et sa femme quittèrent la chambre, ensuite l'hôtel.

Sans attendre le retour de Marcel, Octave courut chez Gérard. Bien lui prit de n'avoir pas compté sur son ami; il le trouva là, assis à côté de Marguerite, et parlant avec feu. Aussitôt que le commandant entra, Marcel se tut.

Marguerite alors, se levant en rougissant, et les yeux brillants de la plus pure flamme, tendit la main à Octave.

Celui-ci se baissa sur cette main chérie.

— Vous le voulez donc? lui dit-elle.

— Parbleu! s'écria Gérard en sautant sur sa chaise, voilà deux heures que Marcel s'égosille à te raconter, à te prouver, à te démontrer le diable et son train! C'est aussi y mettre trop d'entêtement! Ce pauvre Octave, tu viens pourtant de l'entendre, il n'est plus rien, il est sans état, sans amis, brouillé avec ce friponneau de gros marquis, ce petit serpent de de Soilles, ces vieux Marvejols! Si tu ne l'épouses pas, il n'aura pas de pain! N'est-il pas vrai, mon garçon!

— Oui, mon oncle, dit Octave en riant.

Il n'avait pas besoin de raisonner, ni de rien dire, ni de rien entendre, lui. La main de Marguerite, par sa douce pression, lui en apprenait plus que tous les discours imaginables.

Mais le vieux Gérard, ignorant ce qui se passait entre ces doigts entrelacés, et entrevoyant enfin un mariage si longtemps souhaité, puis désespéré, n'avait pas envie de tout perdre de nouveau, et il s'impatienta tout de bon. Il se laissa d'autant plus aisément aller à ce mouvement inconsidéré que depuis quelques instants déjà Marguerite n'avait plus rien trouvé à répondre aux arguments de Marcel, et qu'ainsi il se trouvait soutenu par deux alliés contre une fille à demi muette. Il s'écria donc :

— Corbleu! mademoiselle! finissons-en! Voilà un mari que je vous donne; que je vous donne, entendez-vous! Eh bien! quoi? qu'objecterez-vous à cela? Vous voulez qu'il soit baron et pair de France? Et moi aussi, je le voulais, et je l'ai joliment prouvé, puisque je me suis laissé persuader des folies ; mais puisqu'il n'est plus question de toutes ces grandes sornettes de dévouement, puisque cet enfant a d'autres idées, qu'il te trouve gentille et qu'il préfère à tout la vieille maison de Ternove, ma foi, il a peut-être raison, le gaillard. La vieille maison a bien son prix, et avant la révolution, nous autres cadets, nous étions toujours heureux d'y revenir et d'y finir nos jours. Je me souviens encore, à telles enseignes, que mon propre oncle, M. Gilles de Ternove, capitaine dans Piémont-infanterie, et chevalier de Saint-Louis, comme moi, a passé ses derniers jours auprès de notre père, ton grand-père. Pourquoi Octave n'aurait-il pas le goût de tous les Ternove ? Enfin il veut t'épouser, entêtée, je le veux aussi, Marcel le veut : d'où vient que tu t'y refuses ?

— Mais, mon oncle, s'écria Octave en interrompant joyeusement la longue tirade du bonhomme, si vous ne vous emportiez pas ainsi, vous sauriez déjà que Marguerite est toute prête à vous obéir.

— Ah ! tant mieux, dit Gérard en grommelant encore ; et d'où vient qu'elle ne souffle pas mot ?

Marguerite, en ce moment, était rouge et souriante comme l'aurore ; elle voulut plaire à son père en lui parlant ; ce fut cependant un grand effort, car elle était si troublée, si palpitante ! Il lui était difficile de parler : elle alla embrasser le vieux gentilhomme et murmura :

— Mon père, je n'ai rien à vous apprendre. Octave, vous le voyez, parle sans que je le contredise.

— Peste ! il ne manquerait plus que cela ! s'é-
cria Gérard tout glorieux d'une omnipotence qu'en
ce moment chacun laissait bien volontiers dans
ses mains. Je voudrais pourtant te voir t'expliquer
toi-même. Voyons, sois franche et positive, si tu
peux.

— Mon Dieu, mon père, à quoi bon?

— Mon Dieu, mon père, à quoi bon ? reprit
Gérard en la contrefaisant. Je serais bien aise
d'apprendre et par vous-même ce que vous voulez
ce matin. Allons, je vous prie, montrez-vous obéis-
sante une fois par hasard. Epousez-vous votre
cousin ?

— Oui, mon père, sans doute.

— Ah ! sans doute est heureux ! Voilà un sans
doute très-bien placé, mademoiselle : viens donc
que je t'embrasse ! Octave, viens que je t'embrasse !
Marcel, viens que...

Gérard attira tout le monde dans ses bras ; ce
fut une joie, un bonheur étourdi.

— Remarquez-vous, dit-il, que Marcel est plus
réjoui cette fois que dans la nuit fameuse où nous
avons décidé l'union pour la première fois? D'où
vient cette différence, mon garçon ?

Marcel devint soucieux.

— J'étais raisonnable alors, dit-il en secouant
la tête.

Mais personne ne fit attention à cette phrase
malsonnante ; on avait bien autre chose à penser.

— Bon ! cria Gérard, car Gérard tenait le dé
ce jour-là, nous voici tous bien d'accord, et qu'allons-nous faire maintenant ?

— Nous allons, dit Octave, si chacun veut suivre mon avis, partir pour Ternove le plus tôt possible.

— Bien jugé, repartit Gérard en se frottant les mains. Ce Paris est bien beau ; croiriez-vous, mes amis, qu'il me pèse ? Il m'est insupportable, j'ai hâte de retrouver mes bois, mes prés, ma petite Semoy et mon village de la Longuée.

— Mais, Octave, interrompit Marcel, si tu pars pour Ternove et que je t'accompagne, comme tu as l'air de me le faire entendre, je vais donc renoncer à toutes démarches pour être replacé ?

—Sois tranquille, tu seras replacé sans faire de démarches, fie-toi à moi et ne nous abandonne pas.

— Marguerite, reprit Gérard, ce qui me plaît dans ce garçon, c'est qu'il est résolu, leste et preste, comme je n'ai jamais été moi-même, mais comme j'ai ouï dire à mon père qu'était le vieux don Antonio. Ainsi, pour en revenir à nos moutons, nous allons partir le plus tôt possible.

— Oui, mon oncle, demain soir si vous voulez.

— Nos conférences avec l'homme d'affaires pour l'hypothèque seront finies certainement, dit Gérard. Qu'en penses-tu, Marguerite ?

— Je le crois, mon père.

— En route donc ! s'écria le vieux capitaine.

CONCLUSION.

Octave était marié. De même que le valeureux champion des âges chevaleresques, entré par escalade au cœur de la cité sainte, brandissait joyeusement son pennon et son épée sans compter ses blessures, Octave, dans un enthousiasme effréné, avait saisi la main de sa cousine. De ses sacrifices, il ne s'en souvenait que pour se glorifier de son obstination fiévreuse, et il sentait sa conquête plus grande par le sentiment d'orgueil que lui inspirait le haut prix auquel il l'avait achetée. Se serait-il trouvé en lui (ce qui n'était pas) quelque sentiment plus froid, pour lui faire contempler d'un œil moins ravi la nullité sociale dans laquelle il venait de se précipiter, il n'aurait pas eu le loisir de rien voir ; d'ailleurs Marguerite, libre enfin de montrer son cœur tel qu'il était, passionnément aimant, passionnément épris, s'abandonnait sans mesure à l'admiration qu'elle éprouvait pour son mari. Tout ce qu'il venait d'abandonner pour elle le lui rendait sacré. Cette âme dévouée et généreuse, qui avait su faire le sacrifice de l'amour pour le bonheur de l'être aimé, portait aussi dans la reconnaissance tout l'excès d'une indicible ferveur. Octave était ouvertement à ses yeux, aux yeux de son cœur, plus qu'un homme, plus qu'un mari, plus qu'un amant, c'était un héros, un demidieu, et les divines amantes de Jupiter ne vénéraient pas plus l'auguste immortel descendu dans leurs bras. Et quand même, je le répète, Octave aurait été tenté de s'interroger lui-même, et de se refroidir sur son héroïsme, il ne l'aurait pu, car les ailes de Marguerite l'auraient encore soutenu dans les plus hautes régions de l'éther.

Puis ce n'était pas en elle seule qu'il trouvait ces dispositions adorantes; l'autel sur lequel elle le contraignait de se tenir était aussi soutenu par d'autres cœurs. Gérard avait toujours éprouvé pour le fils de son frère aîné un penchant au respect, bien aisé à suivre maintenant que sa fille ellemême, la sagesse en personne, suivant lui, donnait l'exemple. Depuis bien des années il ne réfléchissait qu'avec permission authentiquement donnée, et non-seulement il ne se serait pas autorisé de lui-même, s'il l'avait pu, à voir plus clair que sa fille, que son gendre, que Marcel; il en aurait même tenu la simple velléité comme crime et l'aurait réputée damnable. La joie ne pouvait donc être troublée de ce côté.

Elle ne le fut pas davantage du côté de Marcel, et pourtant, le premier moment passé, ce philosophe avait jeté un regard assez scrutateur sur les chances de l'avenir, et il s'était trouvé, lui, bien autorisé à retomber dans tous ses doutes sur la solidité du bonheur de ses amis. Tout ce qu'il savait du caractère d'Octave, ce qu'il avait pénétré de celui de Marguerite, le passé, le présent, rien ne lui paraissait rassurant, et il craignait surtout que l'humeur agissante de son ancien compagnon d'armes, plongé avec tant d'éclat et pour toujours dans la monotone inactivité de la vie campagnarde, n'y rencontrât bientôt des misérables chagrins, d'énervantes douleurs. Ce qui était pour la jeune femme heureuse et le vieux capitaine de Champagne le noble emportement d'un amour infini, ressemblait trop, à ses yeux, aux entêtements aveugles d'un point d'honneur qui ne recule pas, simplement pour maintenir son dire.

Sous le poids de ces graves appréhensions, Marcel, après quelques jours passés à Ternove, avait repris la gravité et le sérieux de ses façons. Il se serait fait un crime de rien laisser percer de ses pensées.

— Tant que dureront ces beaux jours printaniers, se disait-il, nos amants vont errer dans les jardins d'Armide; n'allons pas les effaroucher et leur montrer les allées et les portes qui conduisent hors de ces lieux enchantés.

Il promenait donc solitairement ses rêveries mélancoliques. Les grands bois, les taillis semés sur le penchant des ardoisières le voyaient chaque jour parcourir leurs méandres, et, le front pensif, s'arrêter, regarder la terre ou le ciel d'un air distrait, puis continuer sa marche. Si Octave, à cet heureux moment de sa vie, se sentait plus jeune de cœur et de raison que peut-être il ne l'avait jamais été, il en était différemment de Marcel; le spectacle d'agitations inconnues déployées sous ses yeux par l'amour de son ami avait eu sur lui un effet en quelque sorte refroidissant, et l'avait enfoncé de plus en plus dans les sentiers couverts de sa philosophie sceptique. En voyant avec combien de facilité Ternove s'était détaché de toutes ses ambitions, de ses plus orgueilleux principes; en se rendant bien compte que si Marguerite n'avait tenu par aucun lien à la caste supérieure, Octave ne l'en aurait pas moins aimée, en étudiant tous les motifs, tous les ressorts de cet amour si vaillant, né de la contradiction, il se sentait au fond de l'âme un terrible dédain pour les amours de ce bas monde et pour tous les principes auxquels cette passion bizarre faisait si aisément renoncer. Suivant lui, rien ne valait plus la peine qu'on s'en éprît, et par un tel travers de raisonnement, cet homme honnête, aimant, dévoué, se fit un dogme de condamner tout ce qui séduit, attire et dirige l'existence. Il s'enferma dans une résolution d'insensibilité et de dédain. Il résolut de traverser la vie en la méprisant, et de n'attacher son bonheur qu'à des goûts d'assez peu de valeur pour que jamais ils ne pussent se trouver en contradiction avec ce qu'il pourrait trouver, à l'occasion, être son devoir. C'est en s'affermissant dans ces rudes dispositions que, la pipe à la lèvre et quelques livres sous le bras, il s'en allait chaque jour, dès le matin, soit à la pêche, soit à la pipée des oiseaux, s'enfonçant avec une joie réelle sous les voûtes sacrées de la grande forêt.

Marguerite et Octave, eux aussi, trouvaient plaisir à revoir ensemble tous ces lieux charmants, tout ce paysage éternellement jeune, où s'étaient passées les premières journées de leur vie, où ils allaient exister et un jour mourir. L'été était chaud et magnifique. A peine, de loin en loin, un orage allumé par la chaleur de la saison venait interrompre un instant la sérénité du ciel, et encore c'était un luxe de plus dans cette nature si riche et si brillante que ce concert fortuit des foudres célestes, majestueux scintillement des éclairs. La Semoy courait de son pas le plus agile et le plus turbulent sur les roches et les cailloux dont son lit est embarrassé, et cette petite rivière, qui, jamais à sec, a d'un torrent de montagne toute l'agitation et la turbulence, et jamais ne cesse de faire verdoyer ses rives en y maintenant une éternelle fraîcheur, la Semoy, plus joyeuse, plus fraîche, plus pure, plus argentée que les deux amants ne croyaient jamais l'avoir vue, semblait leur prodiguer, quand ils s'arrêtaient sur sa rive, mille sujets de comparaisons enchanteresses pour le cours de leur existence. Oui, elle semblait leur dire que ses eaux, fuyant sous les aunes et les osiers dans une douce et chaude pénombre, n'étaient pas plus cachées aux éclats brûlants du soleil que leurs jours à eux ne le seraient aux soucis vulgaires de l'existence ; elle semblait leur dire que les mille fleurettes croissant pêle-mêle en gros bouquets sur son rivage, au milieu de l'herbe épaisse et épanouie, leur promettaient mille joies inattendues encore cachées dans leur puissant bonheur... Habiles à interpréter les oracles de la rivière, comme les pâtres antiques adorateurs de l'Alphée ou du Simoïs, ils s'y arrêtaient sans cesse et y trouvaient mille sujets d'attendrissement, mille perspectives de divines espérances.

Tout ce pays qui entoure la Longuée, toute cette forêt des Ardennes, est un des coins les plus poétiques du monde. La chevalerie y a mis son histoire ; c'est là qu'est son théâtre, et ses souvenirs y vivent encore. Laissez les Pyrénées se glorifier de la brèche de Roland et montrer dans leurs vallées le coin funèbre de Roncevaux ! Les paysans des Ardennes vousindiqueront, ce qui vaut mieux cent fois, les routes, les sentiers, les champs de bataille de mille paladins, les lieux témoins de leurs aventures et de leurs victoires. Ici coulait jadis la fontaine de Haine, là-bas celle d'Amour ; des chênes, à la vérité déjà bien vieux, ont envahi le bassin des deux sources taries; mais il n'y a pas à douter de ce qu'on vous raconte, car des traces sont restées sur les rochers voisins du ruisseau qui coulait jadis en ces endroits. Plus loin on vous montrera un bloc de granit énorme où un jour Renaud de Montauban dîna avec deux géants. Eh quoi! la place des assiettes est encore facile à trouver.

— Nous sommes dans un paradis, s'écriait Octave ; et, moins fous que nos antiques parents, nous tâcherons de n'en sortir jamais! non, jamais! J'ai vu ce qu'est l'existence hors d'ici, loin de vous; je l'ai quittée avec joie, et je ne pense pas que nul regret vienne jamais troubler notre heureuse solitude.

A ces propos, Marguerite répondait par des regards où se peignait une âme presque effrayée par l'excès du bonheur; Gérard riait en se frottant les mains d'un air sûr de l'avenir, et Marcel, approuvant de la tête, fumait en silence.

Les mesures nécessaires pour régulariser la fortune de la maison avaient été prises par l'ancien capitaine de Champagne. Le manoir de Ternove, avec ses dépendances, plus les moulins et les acquisitions du père Bahurot, passa dans les mains du commandant. La grande ombre de don Antonio, celle à peu près aussi imposante de Jean-Baptiste, l'enseigne aux gardes wallonnes, tressaillirent de joie en voyant leur domaine agrandi rentrer dans les mains de leurs descendants. Si ces vénérables défunts n'éprouvèrent pas dans leur tombe un pareil sentiment de joie, Gérard fut bien lourdement déçu. Octave était donc dans une position aisée; malheureusement les cinquante mille francs payés sans délai à Julien enlevèrent au jeune ménage une bonne partie de son capital, et le forcèrent de vendre plus d'un carré de terre, diminution fâcheuse de sa fortune. Mais qu'importait-il? Octave était marié. Au comble de ses vœux, il n'avait nulle plainte à former, et ne songeait et ne voulait songer qu'à l'immensité de son bonheur.

Pendant deux mois, tout alla à merveille. Ainsi que je l'ai dit, dans la journée on courait les champs, on pêchait, on chassait, on se promenait, tantôt isolés, tantôt réunis. Gérard relisait avec plus de satisfaction que jamais l'*Almanach royal* de 1787. Le soir, le curé, un médecin de la ville voisine, le maire de la Longuée, venaient assez souvent faire leur partie de piquet au vieux manoir. La monotonie de cette occupation était parfois troublée par le goût de Marcel pour la discussion, et lorsqu'il prenait l'homme d'église à partie sur quelque point, le salon ressemblait à un club. En général, tout le monde se déclarait contre l'audacieux sous-lieutenant ; Gérard l'appelait jacobin, le maire le regardait avec défiance, et Octave, royaliste et catholique, soutenait vaillamment le curé dans l'attaque de l'incrédule. Le soir, chacun se retirait enchanté de sa soirée, hormis le maire, qui redoutait une destitution.

Mais l'animation que Marcel jetait dans ce logis ne dura pas toujours. Un matin, il reçut une lettre du ministère de la guerre, dans laquelle on l'engageait à rejoindre le 8° dragons, dans lequel il venait d'être replacé. Julien avait tenu parole. Chacun prévit le tort immense que ce départ allait faire aux joies de la maison, et on essaya de persuader à Marcel qu'il devrait bien sacrifier son état et rester auprès de ses amis. Marguerite s'y employa, et fit convenir aisément à Henri que l'amour de la gloire militaire ne le dévorait point ; mais elle ne put obtenir davantage de lui, et il persista à jurer que le moins qu'il pût faire dans ce monde était de gagner sa subsistance. Octave l'appela cœur de roche, et Marcel consentit seulement à venir passer ses congés à Ternove, quand il en aurait, à y accepter la concession à perpétuité d'une chambre, et à jurer que lorsqu'il aurait sa retraite, c'est-à-dire dans une vingtaine d'années au moins, il viendrait s'y installer avec une collection de papillons ; car il prévoyait avec délices qu'il serait atteint un jour ou l'autre de la bienheureuse maladie des collectiouneurs.

Les amoureux ont le privilége de s'absorber dans eux-mêmes ; aussi Octave et Marguerite ne furent-ils pas inconsolables du départ de Marcel. Le vieux Gérard sentit les choses autrement, et resta désolé de l'avoir vu partir. C'était pour lui quelqu'un de plus à qui parler, et quelqu'un de patient et de complaisant à l'extrême. Outre que Marcel possédait un talent tout particulier pour écouter, sans jamais se plaindre, les longues histoires de l'ancien capitaine, il était encore précieux par son adresse et ses expédients ; il s'entendait mieux que personne à raccommoder les meubles ou les ustensiles cassés. A ce titre, il était profondément honoré et estimé de Jean, de Pierre, de Thomas, de tous les domestiques en général. Ainsi regretté, il s'en alla surveiller les faits et gestes d'une trentaine de dragons. Quand son service était fini, sage et rangé plus que jamais, il passait à peu près tout son temps dans les champs, à se promener, ou dans sa chambre, à lire Montaigne et à philosopher doucement sur la profonde inutilité de l'existence humaine.

Gérard, lui, avait nourri depuis son plus bas âge une opinion beaucoup plus relevée de la valeur de ses semblables, et, par suite, de la sienne propre. Il n'était ni grand raisonneur ni profond moraliste ; mais il se rendait cette justice que s'il avait vécu dans des temps ordinaires, sa vie aurait été pleinement irréprochable. Malheureusement , sa conscience endolorie souffrait encore de la cession des biens de son neveu à Bahurot, puis de son propre mariage avec la fille de Bahurot ; c'étaient là des remords ! Mais quoi ! les remords dans l'âme du bon Gérard n'avaient guère de dents et ne se faisaient un peu sentir que dans des circonstances spéciales qui, après la mort du terrible meunier, ne s'étaient plus présentées et ne se représentèrent jamais.

Gérard vécut doucement jusqu'en 1822. A cette époque, il mourut dans un âge assez avancé et avec le calme d'un enfant qui s'endort. Bien persuadé que tout s'était arrangé pour le mieux, il se félicita, à son lit de mort, d'avoir uni Octave à Marguerite, et avoua même à son confesseur qu'il se tenait pour à moitié absous de ses fautes par cet heureux événement. Quelques instants avant d'expirer, il essaya encore de raconter une anecdote sur le régiment de Champagne, mais il n'en put venir à bout. Il finit en bon chrétien, en excellent royaliste, et de lui il ne resta que de doux souvenirs. Mais revenons à Octave.

Six mois étaient à peine écoulés depuis son mariage, six mois de la félicité la plus fleurie, la plus complète , la moins débattue , que l'homme heureux commença à éprouver les premières atteintes de ce mal inventé pour ceux qui ont erré sur eux-mêmes et se sont crus trop forts. Il s'aperçut de son oisiveté.

Habitué à une vie active et remuante, au mouvement des armées, à tout ce que les rêves et les efforts de l'ambition donnent au sang de chaleur et de rapidité, il pensa tout à coup que ses journées étaient bien longues et bien peu remplies ; et aussitôt, pour obvier au mal, il s'avisa de l'agriculture pour nouvelle vocation. Carrière de gentilhomme s'il en fut, travail honorable, spéculation assurée. En un mot, il donna dans le filet qui a englouti tant de petites fortunes de gens du monde, transformés par les circonstances en Cincinnatus ; lui, du reste, ne se ruina pas, grâce à sa femme.

Il se mit à surveiller la culture de ses biens, l'aménagement de ses fermes ; il s'immisça dans les travaux de ses fermiers autant que les baux le lui permirent ; puis il voulut introduire dans son pays d'importantes améliorations, tenter des cultures nouvelles, et, plein du mépris le plus souverain pour les méthodes routinières des gens de campagne, il s'entoura d'ouvriers, fit arracher, couper, changer, bâtir, remuer la terre dans les terrains dépendants du manoir, et se promit de tripler avant peu sa fortune.

Malheureusement, s'il avait de magnifiques idées théoriques, il manquait tout à la fois de l'instruction première et des habitudes spéciales dont l'agriculture ne se passe pas plus que les autres connaissances humaines. Il était très-fort sur la philosophie de la chose ; sur la pratique beaucoup moins. D'ailleurs il fut bientôt las de se lever dès cinq heures du matin pour s'en aller en sabots surveiller des journaliers. Il n'était pas homme à marcher constamment sur les talons de ses gens, à les empêcher d'organiser ce pillage de détail, ces voleries microscopiques, art suprême des paysans, et que pourtant il faut savoir prévenir si l'on veut réellement passer maître dans le métier. Encore bien moins savait-il, en bon et vigilant propriétaire, passer une partie notable de ses journées à faire la ronde dans sa maison, comme dans ses champs et dans ses granges, grondant pour un clou mal enfoncé, s'irritant pour un bout de ficelle trouvé à terre, se mettant hors de lui pour une écuelle cassée, et la faisant vertement payer au délinquant. Mais quand on ne se sent pas le courage de mener cette existence de garde-chiourme, et qu'on ne possède qu'une fortune de second ordre et au-dessous, il ne faut pas s'aviser d'imiter le goût des Chinois pour le plus ancien des arts. Bons gentilshommes de province, et vous, officiers en retraite, en demi-solde, en disponibilité ou en réforme, laissez le Fils du Ciel conduire la charrue une fois l'an, mais vous, même une fois dans votre vie, ne vous avisez pas de toucher à cet instrument ruineux.

Octave trouva dans ses fermiers, dans ses ouvriers et dans ses domestiques des gens aussi résolus à n'innover en rien qu'à le dépouiller par tous les moyens imaginables. Pour ne pas voir ce qu'il possédait se fondre entre ses doigts comme la neige au soleil de mai, il fut contraint bientôt de renoncer à la vie du laboureur.

Ainsi rejeté sur l'existence contemplative, il prit peur. Il se demanda si sa vie entière allait se passer ainsi dans une humiliante, désastreuse et douloureuse immobilité. Il commença à mieux comprendre sa position ; sérieusement épouvanté, il imita les oiseaux, les enfants, les gens faibles, et ferma les yeux sur son danger, en se rejetant dans une espèce d'assoupissement moral où il fit tous ses efforts pour se tenir. Il n'avait pas et ne pouvait avoir de confident ; et, chargé du bonheur de Marguerite, il fallait à tout prix que ce bonheur existât.

Et pourtant déjà ce bonheur n'était plus très-possible. La fille de Gérard avait le cœur trop délicat et l'intelligence trop fine pour n'avoir pas vu et défini dès le début le mal dont souffrait son mari. Elle avait ressenti de cette découverte une douleur bien poignante ; pourtant elle eut le courage de se laisser croire aveugle, et ainsi en secret un abîme se creusa entre les deux époux, dans lequel allaient, s'effeuillant et tombant une à une, toutes les joies, toutes les délices et la confiance de leur passion.

Plus énergique que son mari, Marguerite ne se donna pas pour battue dès le premier moment que son cœur saigna. Au contraire, elle tenta la résistance et espéra même pouvoir détruire le mal dans sa racine. Elle favorisa d'abord les goûts champêtres de son mari ; déjà même elle s'apercevait du tort que ces goûts portaient à leur fortune, qu'elle les excitait encore, tant elle voyait approcher avec effroi le jour où Octave, rendu plus sombre par une tentative avortée, retomberait dans le creux de son ennui.

Quand il ne fut plus moyen de continuer des dépenses trop fortes, Marguerite conseilla à son mari d'écrire quelque livre. Il avait, lui disait-elle, du goût pour les questions politiques ; ne pourrait-il s'occuper d'en développer quelqu'une ? Cette idée sourit à Octave ; d'ailleurs tout lui plaisait, du moment qu'il espérait y trouver un refuge contre ses pensées, contre ses regrets. Mais c'était un homme d'action plutôt qu'un penseur, surtout ce n'était pas un écrivain. Son éducation, suffisante pour un militaire, ne lui permettait pas de tenir une plume avec beaucoup d'adresse. Les premiers essais lui parurent indignes de lui ; il les jeta au feu, et ne voulut plus en entendre parler.

Un jour que Marguerite le considérait enfoncé dans son fauteuil, regardant le feu, ne parlant pas, ne faisant rien, elle prit courage et aborda un sujet triste, mais qu'elle crut ne pouvoir éloigner davantage.

— Mon ami, lui dit-elle, tu t'ennuies?

— Non, ma chère enfant, répondit Octave avec une rapidité qui équivalait à un aveu, et en quittant sa position nonchalante pour se mettre à tisonner avec ardeur. Non, vraiment, je ne m'ennuie pas. Pourquoi veux-tu que je m'ennuie?

Marguerite sourit à cette réponse, et reprit :

— Serais-tu très-fâché de rentrer au service?

Octave sauta sur son fauteuil et répondit :

— Rentrer au service? Mais pourquoi, je te prie?

— Enfin, réponds-moi, en serais-tu fâché?

— C'est selon, dit Octave prudemment. Mais pourquoi me faire une question pareille?

— Je t'avoue, dit Marguerite, que les cinquante mille francs donnés à M. de Soilles et l'argent perdu avec nos fermiers ont terriblement diminué nos revenus; de sorte que si tu n'avais pas trop de répugnance à rentrer dans l'armée, ce serait peut-être chose sage.

Octave fit des objections. Mais Marguerite vit

bien que la joie était rentrée au cœur de son mari avec l'espérance. Elle s'attacha à combattre les arguments de mauvaise foi que le pauvre commandant lui présentait, et elle eut peu de peine à remporter une victoire si facile. Après cette conversation, Octave l'embrassa tendrement en lui disant :

— Nous pourrons y penser !

Le lendemain, l'activité et la bonne humeur lui étaient revenues, et il se laissa persuader d'écrire au baron de Marvejols et de lui demander sa protection.

De temps en temps Octave adressait une lettre au vieil émigré ou à la baronne, et il en recevait des réponses très affectueuses, mais qui jamais ne soufflaient mot de sa femme.

Cette fois-ci, il s'attendit à ce que le baron ne serait pas moins exact à répondre que de coutume. En effet, M. de Marvejols avait reçu sa lettre avec un plaisir d'autant plus vif que le désir d'Octave lui offrait un moyen de revoir son cher enfant. Il s'était mis en campagne. Mais il commença par un pas de clerc et tout fut perdu, car il s'adressa à M. de Bartannier.

— Moi ! s'écria le marquis, faire une démarche pour Ternove ! J'aimerais mieux donner la main à Bonaparte !

On ne put le tirer de là. Le baron, le voyant si monté, entreprit de se passer de lui; mais Bartannier, non-seulement ne voulait pas revoir Octave, il ne voulait pas même qu'on le servît; il s'unit à son gendre Julien et au vieux Bartas, que l'on mit dans la conspiration, et les trois associés s'en allèrent clabaudant partout que le baron était un ange, pardonnant toutes les injures, mais qu'il ne fallait pas laisser ce misérable Ternove, cet ingrat, revenir sur l'eau et obtenir encore des grâces par l'intermédiaire de son bienfaiteur trahi.

Tant de menées, pratiquées dans tous les bons lieux où Ternove eût pu trouver des protecteurs, lui firent une de ces réputations odieuses dont il n'est donné à personne de se relever. L'accusé n'était pas là pour se défendre, et d'ailleurs eût-il paru, on n'eût pas voulu écouter ses justifications; on se faisait gloire de déclamer contre lui; l'accuser et relever d'autant le mérite et les vertus surhumaines du vieux baron, c'en était assez pour se donner un renom d'honnête homme; il n'était fils de bonne mère qui ne se crût obligé de prononcer le nom d'Octave avec horreur, et ainsi, grâce à Bartannier, le mari de Marguerite fut décidément perdu, et après un an de démarches actives, il reconnut qu'il ne parviendrait jamais à rien. Il renonça donc à rentrer dans l'armée, et, la mort dans l'âme, se résigna au bonheur qu'il s'était fait.

Rendons-lui cette justice, il ne proféra aucune plainte. Il était triste, morose, grondeur et même emporté envers tous ceux qui avaient affaire à lui. Il ne le devint jamais avec Marguerite; jamais il ne fut coupable envers cette femme, uniquement vouée à lui, d'un mouvement d'impatience qui eût décélé les mouvements tantôt furieux, tantôt effroyablement désolés de son âme déçue. Quand Marcel venait à Ternove, la vie y était un peu moins lourde pendant quelques jours, puis tout reprenait son train accoutumé.

Une fois seulement, Octave montra à nu le fond

de son cœur : ce fut lors d'un voyage du marquis et de la marquise de Soilles dans les environs de Ternove où ils avaient acheté un magnifique château. Julien était au pinacle de la prospérité; cette immense fortune dont n'avait pas voulu son ami, il l'avait eue; il avait aussi la pairie; il était à la veille d'être fait maréchal de camp. Il ne vint pas à Ternove; mais des voisins innocents racontèrent merveille de son luxe et de son crédit. Octave passa une soirée de désespoir et de rage qui détermina chez Marguerite, affaiblie depuis longtemps par ses souffrances secrètes, une longue et douloureuse maladie.

Ce fut, du reste, la seule fois, répétons-le, qu'Octave se départit du système de silence, mais non de résignation, qu'il s'était fait.

Il se répétait mille fois le jour :

— Ce que je suis, j'ai voulu l'être; je n'ai le droit d'accuser personne. J'ai lutté contre toutes les volontés pour arriver à ce cachot où me voilà tombé. Si ma folie peut mériter le pardon, c'est par l'intrépidité avec laquelle j'en supporterai les conséquences.

Les années, qui changent tout, changèrent aussi le caractère des douleurs d'Octave. Il vint un jour où il se trouva à peu près dans la même situation que ces malheureux commis qui ont d'abord lutté contre la laborieuse imbécillité de leur profession et qui finissent par plier également leur âme et leur corps à leurs énervants travaux. Octave perdit son activité, son ardeur, sa puissance de penser, ses aspirations vers les grandeschoses.

Il en vint à adopter un genre de vie tout à fait en rapport avec des facultés réduites à néant. Il

se levait le matin à onze heures, s'établissait dans
un fauteuil près de la fenêtre en été, devant la
cheminée en hiver, s'y faisait porter à déjeuner,
prenait quelque roman, le lisait à rebours, som-
meillait, parlait à peine jusqu'à l'heure du dîner.
La soirée se terminait à neuf heures, qu'il remon-
tait dans sa chambre pour dormir et recommencer
le lendemain.

Etait-ce la vie, était-ce la mort ? c'est ce que nous
laissons juger au lecteur.

Je devrais peut-être ajouter que le dévouement
de Marguerite, toujours constant, toujours fort,
ne défendit cependant pas le cœur un peu fier de
madame de Ternove contre des suggestions ressemblant au mépris. Les femmes, les enfants, les
sujets, tous les spectateurs, tous les créanciers exi-
gent d'ordinaire de celui qui a promis qu'il tienne
ses engagements. Lorsqu'un amant a joué le héros,
il se rapetisse beaucoup, devenu mari, s'il se laisse
tomber langoureusement au bas de son piédestal.
L'inertie d'Octave avait quelque chose de l'enfance ;
les soins que sa femme lui prodiguait tenaient un
peu de la sollicitude maternelle, et protéger son
protecteur ne peut se faire longtemps sans qu'un
dédain mal déguisé ne se glisse sous la robe blan-
che de la douceur. Mais il ne faut pas insister sur
ce point demeuré très-secret, jamais trahi au dehors par un geste, par un mot, et que l'intuition
du romancier a pu seule deviner. Ce qui est hors
de doute, c'est que Marguerite ne fut point heureuse, et peut-on l'être à côté d'un pygmée pleu-
rant d'avoir voulu jouer le rôle d'Alcide ?

FIN.

www.ingramcontent.com/pod-product-compliance
Lightning Source LLC
LaVergne TN
LVHW012307170726
843503LV00002B/635